"成都教育丛书"编委会

主　　编：谭文丽
副 主 编：袁　文　薛　涓
编　　委：黄祥勇　张学兰　何赳立　王　琴

成都教育丛书

基于STEM的PBL教学案例

JIYU STEM DE PBL JIAOXUE ANLI

张晓容　任玉芹　冰　洁
徐光德　杨　波　龙姿君
刘靖琳 / 著

四川大学出版社

项目策划：梁　平　杨丽贤
责任编辑：杨丽贤
责任校对：王　锋
封面设计：璞信文化
责任印制：王　炜

图书在版编目（CIP）数据

基于STEM的PBL教学案例／张晓容等著． — 成都：四川大学出版社，2020.10
　ISBN 978-7-5690-3917-7

Ⅰ．①基… Ⅱ．①张… Ⅲ．①科学知识－教案（教育）－中学 Ⅳ．① G633.72

中国版本图书馆CIP数据核字（2020）第203303号

书名	基于STEM的PBL教学案例	
著　者	张晓容　任玉芹　冰　洁　徐光德　杨　波　龙姿君　刘靖琳	
出　版	四川大学出版社	
地　址	成都市一环路南一段24号（610065）	
发　行	四川大学出版社	
书　号	ISBN 978-7-5690-3917-7	
印前制作	四川胜翔数码印务设计有限公司	
印　刷	成都市天金浩印务有限公司	
成品尺寸	148mm×210mm	
印　张	10	
字　数	268千字	
版　次	2020年10月第1版	
印　次	2020年10月第1次印刷	
定　价	50.00元	

版权所有 ◆ 侵权必究

◆ 读者邮购本书，请与本社发行科联系。
　电话：(028)85408408/(028)85401670/(028)86408023　邮政编码：610065
◆ 本社图书如有印装质量问题，请寄回出版社调换。
◆ 网址：http://press.scu.edu.cn

四川大学出版社
微信公众号

成都教育之良功有成学

丙申暮春 顾明远
成都市教育丛书

"成都教育丛书"学术顾问顾明远2016年5月题于成都

本书编委会

冰　洁　陈天琼　冯　敏　胡自桥　贾　虔　瞿　曦
李　超　李红梅　刘洪宇　刘靖琳　刘　明　龙姿君
罗子欣　满　天　蒲清明　祁　娜　青长金　任玉芹
邵　琼　唐华英　王　饶　吴书玥　伍德平　谢永平
熊　艳　徐光德　杨　波　杨娟娟　张　帆　张　钧
张利军　张森玲　张　婷　张晓容　张　艳　郑　宇

"成都教育丛书"总序

成都是我国西部重镇，文化历史名城，历史悠久，人文荟萃。成都人历来重视教育，有建于二千一百多年前的文翁石室，也有21世纪以来建设的优质学校。新中国成立以后，特别是改革开放以来，成都教育有了巨大的发展，率先普及了九年义务教育，率先进入了教育相对均衡发展的行列，教育改革取得了丰硕成果。

为了记录成都教育改革发展的轨迹，总结成都教育改革和发展的经验和成果，体现成都教育的历史积淀，展示成都广大教育工作者的实践创新、典型经验和学术成就，成都市教育局正式启动"成都教育丛书"工程。这是一项有巨大意义的事件，它不仅记录了成都教育工作者辛勤劳动、取得巨大成就的足迹，而且丰富了教育学术宝库，为成都教育今后发展奠定可持续的基础，同时必将在全国教育界产生重大影响。

当前，我国教育正处于发展的关键时期。国家正在制定2030年全面实现教育现代化的规划。教育现代化主要体现在教育的全纳性、终身性、个性性、多样性、信息化、科学性、国际性、法治性等多个方面。坚持把立德树人作为教育的根本任务，培养具有社会责任心，有创新精神和实践能力，并具有国际视野的中国公民，关键是要树立现代教育的观念，树立"儿童第一""教育第一"的理念，以改革创新为动力，建设现代学校制度，改革人才培养体制和方式。要继承我国优秀文化传统，充分吸收世界优秀文化成果，建设具有中国特色的社会主义教育现代化

体系。

　　我与成都教育有不解之缘。早在20多年前的1996年，在我任中国教育学会副会长之时，就应成都市青羊区教育局之邀，参加了青羊区教育综合改革的论证会，中国教育学会又在青羊区召开过学校、家庭、社会三结合现场会。2001年我任中国教育学会会长以后，首先将青羊区作为中国教育学会的教改实验区，以后又将成华区纳入进来。自从20世纪90年代以来，我几乎每年都到成都。我到过青羊区、金牛区、锦江区、成华区、双流区、蒲江县，今年又到了青白江区。成都20多年来的教育改革和发展，可说我是真实的见证人。

　　"成都教育丛书"邀我作序，我觉得十分荣幸，就写上这几句，是为序。

2016年5月30日

　　注：顾明远先生系著名教育家、中国教育学会名誉会长、北京师范大学教授、博士生导师。

前　言

STEM 是科学（Science）、技术（Technology）、工程（Engineering）、数学（Mathematics）四个学科的简称。STEM 教育主张以整合的教学方式让学生习得知识和技能，并灵活迁移来解决生活中真实存在的问题，目的是培养学生的综合素养、创新精神与实践能力。

STEM 教育的课程内容不局限于四门各自独立的学科，也不是科学、技术、工程、数学的简单叠加，其更关注整合的意义与价值，强调对知识的应用和学科知识之间的联系。融合的 STEM 教育具有跨学科、协作性、体验性、设计性、情境性等特征，通过基于活动的学习模型，给学生提供快速深入的学习机会，使学生对学科知识理解更深入，有利于学生探究能力、协作能力和创造能力的提升。

项目式学习（PBL）是将现实中的复杂问题设计为学习项目，以明确的项目目标和学习目标为导向，通过模糊的学习过程来激发学生的创新意识并达成知识和技能习得的教学方式。在 PBL 中，整个活动的设计、实施由学生完成，教师的角色是对学生的兴趣和活动进行适当指导，以激发学生更深层次的兴趣，并促进学生的思维和能力向更高的阶段持续性发展。PBL 的主要特征是学生以一种很强的目的性展开任务，自我分配不同的任务，具有较高的动机价值。

基于 STEM 的 PBL 教学模式是根据 STEM 的跨学科思维，

以项目为中心，使学生通过完成项目对各学科知识进行整合。STEM与PBL整合的优势在于将STEM教育作为一种策略通过基于项目的探究性学习方式，激发学生的学习兴趣和内在动机，提升学生的科学探究能力。STEM教育理念的核心是跨学科整合，其最重要的工作是项目或问题的设计，使学生积极主动地运用学科知识，按照问题逻辑或项目逻辑进行跨学科重组，设计解决问题或完成项目所需要的学习资源和工具、活动过程和活动评价等关键环节。

根据STEM与PBL的理念，基于STEM的PBL设计应遵循四个原则。第一，学习的内容与获取的知识紧密联系。选择的问题、任务以及应用的事例应与之前获得的知识有紧密的联系，这有利于学生创新思维的建立。学生通过设计活动和实际操作来回答提出的问题或实现任务，根据个人理解来评估和解释数据，并在不断探究的过程中优化方案、迭代产品。第二，为项目的完成提供必要的平台和资源。应提供的平台和资源包括示范、指导、互动、展示、评价等，这有利于学生像科学家或工程师那样工作，更深入地参与到探究活动中，并且让探究过程及结果有多种表达方式，使学生的思维具有可见性，从而提高学生的元认知能力。第三，帮助学生合作学习和反思。在基于STEM的PBL活动中，学生需要对选题聚焦、方案设计、数据解释等进行充分讨论，并学会倾听他人的意见，三思而后行。同时，教师要安排时间让学生进行反思，整合他人的观点，认真地总结自己在项目中的贡献。另外，教师还要建立评价的标准，让学生评估自己和他人的进步，描述自己与他人观点之间的联系，而评判的理由来自证据。第四，促进学生自主学习和终身学习。基于STEM的PBL学习活动能将学术性知识转化为解决生活问题的生活性知识，学生在解决问题的过程中，将多个事实性知识联系起来构建出概念性知识框架，将复杂性概念理解后应用到新的情景中，接触新的学习内容，构建新的概念框架。学习过程中，学生基于证据接受或摒弃某些观念，设置个人目标，从他人处得到反馈，解释、评价自己的观点，从而推动自己在学术和认知方面的进步。

以 PBL 为基础的 STEM 整合课程，根据综合的程度分为相关课程、广域课程和核心课程。STEM 相关课程是以其中一门课程为主，其他课程为辅解决问题的课程；STEM 广域课程又称为大融合课程，它消除了分科的界限，将多门学科的知识融合为一个新的领域，这样的课程依托于科学、技术、工程、数学，内容具有高度的整合性，需要一个大的主题单元才能把相关内容均纳入其中；STEM 核心课程以科技和工程问题为核心，根据解决问题的需要，融合科学、技术、工程、数学的相关知识，形成连贯、有组织的课程结构，其重在知识的运用，培养学生综合应用知识解决新问题的能力。根据创新层次的不同，北京师范大学的傅骞等把 STEM 教育的应用模式分为验证型、探究型、制造型和创造型四大类。验证型、探究型和制造型应用模式的结果或模型已知，即让学生模仿科学家或工程师的思维，亲历探索的过程，理解并建构知识，掌握实验的技能，积累科研的经验。而创造型应用模式注重创新设计，因创造的过程比较复杂，需要具备学术领域的技能、有关创造的技能，这个创造的过程可以培养学生的学术创新能力，提升学生的创造水平。

本书选用了 27 个基于 STEM 的 PBL 教学案例，分为传承创新、创意制作、科学探究和生态环境 4 个部分，既有学科拓展课例，也有综合实践活动课例，任课教师可以根据自己教学的需求选择适合的案例进行参考。本书中，案例的教学设计分为项目背景、项目目标、适用学段、课时规划、项目实施和教学反思 6 个版块。这样的设计使得教学者能很快找到适用于自己教学的案例，也可以通过案例的教学设计选择或摒弃某些内容，找到感兴趣的主题进行 STEM 教育活动。

本书中案例的项目除完成基本知识学习与技能目标外，还根据 STEM 教育的特点，加入了跨学科技能目标、创新思维目标、创造情感目标，目的是通过基于 STEM 的 PBL 教育活动提升学生的创新思维水平和创造性情感层次。

本书中的案例均面向全体学生，从知识的理解、分析、应用等方面培养学生的思维能力，帮助学生积累个体的科研经验，提升学生的科学素养。学生以小组的形式参与活动，从了解所探究领域的研究历史、研究现状、研究热点以及存在的问题开始，学习解决复杂问题的技能，逐步完成从个人兴趣到专业志趣的转变。

STEM 教育的核心是创新思维的培养，因此基于 STEM 的 PBL 遵循创新思维发展的规律（指遵循发现问题、明确问题、提出假设、检验假设的顺序）设计课程。按照解决问题的逻辑，让学生在不断提出问题、解决问题的过程中，强化对知识的记忆和迁移，体验意念具体化和方案物化过程的复杂性和创造性，培养解决问题的技能，以及自我批判性思维和创造性思维的能力，学会利用工程设计思维提升项目质量。本案例中的项目背景阐述了项目内容确定的依据，这个部分最好由学生讨论确定，但是学生常会将相对不重要的内容带入课堂，教师的角色是引导学生会思考更符合项目目标的内容，使项目能激发学生更大的研究兴趣。

STEM-PBL 教学理念是用科学的方法、以任务驱动的形式解决一个或多个真实的问题，因此本书中案例的项目实施部分是该案例的重点，多包括知识储备、问题聚焦、方案设计、动手实践、物化成果、交流评估、拓展延伸 7 个方面的内容（如图 1 所示）。

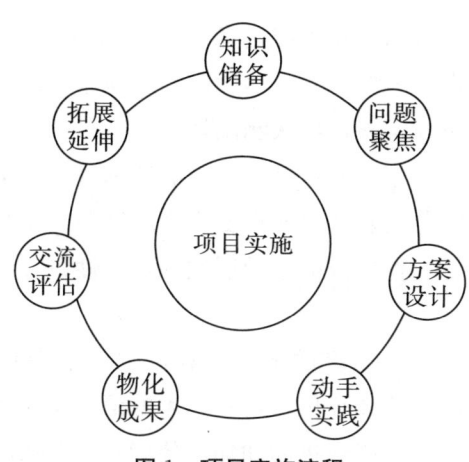

图1 项目实施流程

知识储备：当确定了要探究的问题有价值后，让学生通过多种方法了解相关知识，讨论并构建知识地图。初学者学习时会觉得相关知识是凌乱的、无关联的，此时教师要帮助学生理清概念之间的联系，点拨重要的概念知识，帮助学生快速构建知识网络，方便学生在后续的探究中构建解决问题的知识框架。

问题聚焦：首先让学生进行背景调研，利用头脑风暴提出多个问题，通过科学性、创新性和可行性识别问题，确定具体的目标。除定义设计目标以外，还需要识别所有的制约因素，以使最后成品具备应有的特征。

方案设计：根据前期的调研结果，设计多个方案，集体讨论，对每一个方案进行批判性分析，最后形成可实施的最佳方案。这个过程要求学生了解前人所做的工作，防止重复劳动，还需要考虑项目制作的环境问题，争取将负面影响降到最小。探究活动所需材料的特性也需要特别关注，只有理解了这些特性，才能进行实验的设计与实施，后面收集的数据也才可靠。

动手实践：这个过程需要学生严格按照仪器操作规程进行，注意操作中的安全问题，详细记录实验数据，包括描述性实验数据和数字型实验数据。在可能的条件下进行测试与批判性评价，分析可能改善设计的新信息，然后回到实验原点来修改内容，建立新的模型，重新实验，再次测试优化。

物化成果：对记录的定性和定量的数据进行科学的分析，必要时使用科学的分析软件以便得出客观的结果。小组成员对结果进行深入的讨论，挖掘数据中深层次的可能性，并让数据最后的呈现可视化。

交流评估：展示研究的成果，利用 PPT、海报、研究报告进行多种方式的交流和评价，培养学生的语言交流能力，开阔学生的眼界，使学生有机会巩固和加深他们对问题深度与广度的理解。在评估中，学生们要应对复杂事物分析、多角度问题探讨等实际环节，批判性分析自己和他人的实验过程与成品并采用统一的标准进行评价。本书中的案例评价关注探究的过程，为开放式，有自评和他评两种方式。评价注重过程性，包括知识储备、方案设计、动手操作、团队合作、成果物化等多个方面，每个内容评价维度又分为多个等级。

拓展延伸：在与其他小组成员分享、交流中，学生可以找到自己设计的不足，提出新问题，继续深入探究，使探究的难度和复杂度逐步升高，这有助于学生的思维由简单到复杂，由低级向高级发展。

本书中案例的教学反思以回顾事实为基础，以改进项目实践为目的，对案例中项目参与者的思维、行为及结果进行审视、分析和评议，对其优劣得失展开针对性的剖析评价。

本书在成都市教育科学研究院岳刚德教授的指导下，由成都市科技创新教育名师工作室全体成员撰写完成，在此向岳刚德教授、成都市科技创新教育名师工作室的全体成员表示衷心的感谢！

鉴于作者水平有限，本书可能存在许多不当之处，恳请读者批评指正。

成都市科技创新教育名师工作室　张晓容
2019 年 08 月 10 日于成都华阳

目 录

STEM-PBL 之传承创新

古法制糖 …………………………………………………（3）
深度解读苏轼,健全自身人格 ……………………………（14）
剥茧抽丝 …………………………………………………（26）
自制麦克斯韦滚摆 …………………………………………（33）
探索陶艺之旅,制作倒流香器 ……………………………（42）
有故事的面具 ……………………………………………（54）

STEM-PBL 之创意制作

"检验光合作用释放氧气"演示装置 ………………………（67）
能自动加热的杯子 …………………………………………（76）
智能灯 ……………………………………………………（87）
微生物作画 ………………………………………………（99）
水火箭 ……………………………………………………（111）
自制照相机 ………………………………………………（120）
纪念元素周期表150周年"华诞" …………………………（130）
分子运动现象实验装置的改进 ……………………………（141）
百变电筒 …………………………………………………（149）

STEM-PBL 之科学探究

点"橘皮"成"油"……………………………………（161）
叶脉艺术………………………………………………（170）
创制简易乐器…………………………………………（179）
模拟根毛细胞的吸水和失水…………………………（189）
探究温度对加酶洗衣粉洗涤效果的影响……………（199）
"浮力产生原因"演示装置……………………………（210）
假如我流落荒岛………………………………………（219）
光影艺术之裸眼 3D …………………………………（235）

STEM-PBL 之生态环境

空气中悬浮颗粒物的测定与分析……………………（249）
森林火险气象站………………………………………（260）
水动力河道漂浮物清理装置的设计…………………（278）
PM2.5 监测机器人设计………………………………（291）

STEM-PBL 之传承创新

STEM-PBL 之传承创新

古法制糖

一、项目背景

随着现代社会的高速发展,古法制糖(如图 1)渐行渐远,现代化工业生产代替传统技艺,成为主流生产方式,传统手工技艺亟待保护与传承。

图 1 古法制糖

二、项目目标

(1)了解古法制糖的文化,包括古法制糖的历史、发展及现状,古法制糖的原理、工艺、优点和缺点,濒临失传的原因,制作出知识地图。

(2)在传承古法制糖技艺的基础上,创新设计一种手工制糖方法，在不断提出问题、解决问题、意愿具体化的过程中，培养批判性思维和创造性思维的能力。学会选择器材并在探究中掌握一种制糖工艺，体验制糖方案物化过程的复杂性和创造性。

（3）通过对古法制糖文化的调研，在比较、交流、总结、推理的基础上，将数学、物理、化学、生物等学科的知识与工程思想融合在一起，培养跨学科探究的能力。

（4）体验古法制糖的文化魅力，提炼需求并将愿望成功物化的喜悦，学会清晰表达设计理念、技术路线、实践操作过程，对探究过程及结果进行反思，激发进一步学习与探索的热情。

三、项目适用年段

初中七、八年级。

四、项目课时规划及教学内容（见表1）

表1　项目课时规划及教学内容

课时	教学内容
第1~2课时	调研古法制糖的历史、发展及现状，濒临失传的原因，撰写调研报告
第3~4课时	查阅文献，定义需求；了解相关知识，提出解决方案，在传承的基础上创新
第5~6课时	制作糖类，列出材料清单，计算制作成本，记录实验数据
第7~8课时	分析实验数据及现象，交流评估，制作产品说明书

五、项目实施

（一）团队建设

根据兴趣自由组合，每个小组最多不超过五个人，选出组长并做好分工。要求小组成员齐心协力，合作完成项目任务。

（二）知识储备

小组成员分工查阅相关资料，并用知识地图的形式记录（如图2），比如：所选糖类的成分、营养价值、食用方法，古法制糖的历史与发展，古法制糖的工艺、方法，古法制糖所需要的材料，古法制糖的优点与缺点。

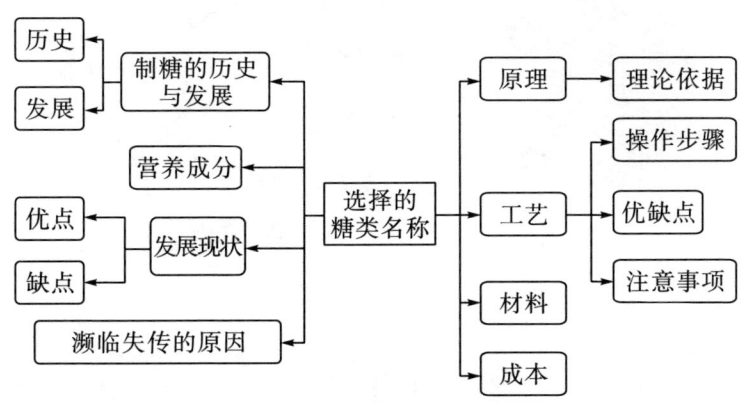

图2 古法制糖知识地图

（三）实施过程

1. 方案设计

（1）明确目标。

分组了解我国的多种民间古法制糖工艺，分析各自的优缺点以及濒临失传的原因。各小组根据兴趣与实际条件定义自己的任务，选择学习掌握一种感兴趣的民间古法制糖工艺。

（2）分析问题。

小组讨论：在传承古法制糖技艺的过程中如何创新？

找问题，提方案：找出自己小组所选择的制糖工艺有什么缺点，思考解决方法。每个小组成员都要提出自己的方案，由小组长做记录。

方案聚焦：对比方案，评价交流，选择最优方案（如图3）。（老师要引导学生根据一定的流程、标准，比如图4的方案评价思路图，来评价每个人的方案）

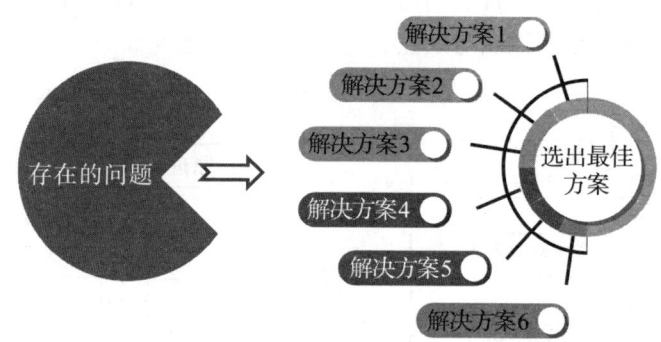

图3　方案聚焦

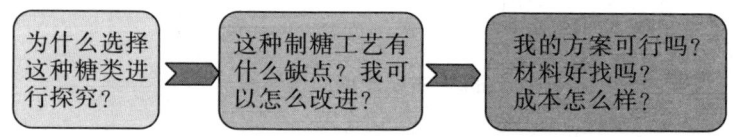

图4　方案评价思路

对选择出的最佳方案进行细化。

（3）制糖工艺设计。

教师提示实验步骤的设计方法。小组讨论、设计实验步骤，确定实验材料、实验仪器、实验方法，预估实验成本。要求操作步骤尽量具体，要有安全措施。

（4）器材及材料准备。

小组讨论所需实验器材及材料的类型、数量、来源，做成清单（如表2），并指定组员负责采购。

STEM-PBL 之传承创新

表 2　手工制糖实验器材及材料清单

名称	型号	来源	时间
材料			
仪器			

2．操作实践

不同糖类的制作工艺流程是不同的，教师根据每个组的具体情况提出建议，学生按照设计的方案进行操作。

（1）操作流程。

下面以花生牛轧糖的制作流程为例。

把黄油倒进不粘锅，让黄油慢慢融化（如图5）；当黄油融化一半时，将棉花糖放入锅中，保持小火，用耐高温的硅胶刮刀搅拌棉花糖7~10分钟（如图6）（注意：要一直不停搅拌，保证每一粒棉花糖都粘上黄油并慢慢融化，不然棉花糖容易因温度过高而变色）。

图5　融化黄油

图6　加入棉花糖并搅拌

在黄油和棉花糖完全融合后，一次性倒入奶粉，快速地搅拌均匀（如图7），一直保持小火约5分钟。

7

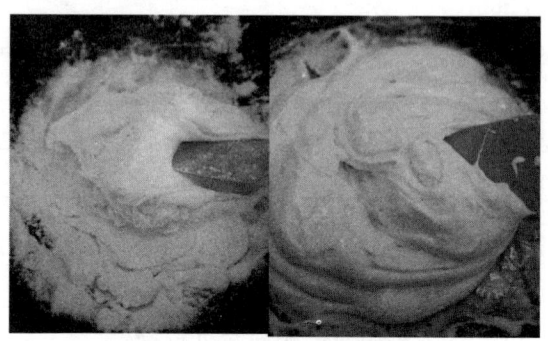

图 7　加入奶粉并快速搅拌

在奶粉完全融化后，关闭火源，并将花生碎一次性倒入锅中，搅拌均匀，搅拌时间约为 2 分钟（如图 8）。

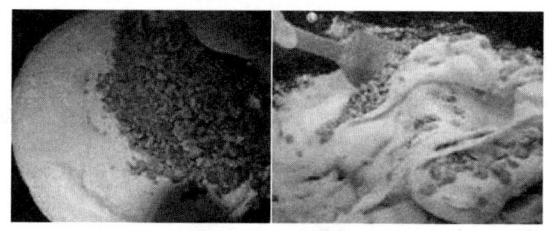

图 8　加入花生碎并搅拌

搅拌均匀后趁热装入洒了奶粉的模具里，用擀面棒碾压使表面平整，固定形状（如图 9）（注意：表面要盖一层食用不粘膜）。放入冰箱 20 分钟或在室温下冷却，变硬定形后用刀切成长方块或者是其他喜欢的形状。这样，花生牛轧糖就做好了（如图 10）。

图 9　固定形状

图 10　做好的花生牛轧糖

（2）实验记录。

实验中要注意记录数据，并对数据进行分析。

教师可提示学生用表格的形式记录数据，教师也可给出一般的实验记录表（如表3），再让学生根据自己小组的实验思路设计实验记录表。

实验记录表中的内容包括实验名称、实验时间、实验目的、实验地点、实验环境、实验器材、实验方法、实验数据、实验结果、出现的问题及解决办法等，实验数据要体现出变量。

表3　实验记录表

实验名称						
实验时间		实验地点		实验环境		
实验目的						
实验器材	材料					
	仪器					
实验方法	1. 2. 3.					
实验数据 （要体现变量）	材料	××× (g)	××× (g)	××× (g)	××× (g)	结果
	1					
	2					
	3					
实验结果 （定性描述）						
出现的问题 及解决办法						
讨论						

3. 结果与讨论

（1）小组成员对记录的数据进行科学分析，必要时可使用科学分析软件，以便得出客观结果。

（2）小组对实验结果进行深入讨论，挖掘数据中蕴含的深层次的含义。

（3）撰写探究报告，包括探究的目的、意义，实验的方法，实验的结果及对下一步探究的设想等。

（四）交流评估

1. 展示交流

把制作好的花生牛轧糖给同学和老师品尝（如图11），对制作成果和探究过程进行展示和交流。图12和图13是其他小组制作的黄糖和姜糖。

图11 花生牛轧糖　　图12 黄糖制作　　图13 姜糖制作
　　制作成果展示　　　成果展示　　　　成果展示

2. 评价

利用表4评价量表进行自评和他评。

表4　评价量表

评价项目	评价内容	分值（分）	得分（分）
知识储备（20分）	列出三种以上古法制糖的发展历史、现状以及古今需求	6	
	熟悉一种古法制糖的制作原理、工艺	6	
	画出一种古法制糖的调研知识地图	8	

续表

评价项目	评价内容	分值（分）	得分（分）
传承创新 （30分）	写出一种古法制糖制作工艺存在的问题，现代人对糖的需求特点	5	
	讨论解决问题的方法，提出至少两种以上的解决方法	5	
	选择一种最优方案，列出选择的原因	5	
	方案有详细的安全措施	3	
	写出方案具体的实施方法，画出方案实施流程图	9	
	列出你在制糖工艺中的创新点	3	
动手实践 （30分）	选择经济适用的制糖器材，列出选择每一种器材的原因、购买途径	3	
	按照方案设计的方法规范操作，注意安全	8	
	能灵活处理操作过程中遇到的问题并记录下来	4	
	详细记录观察到的实验现象和客观数据	5	
	熟练掌握一种制糖工艺	5	
	初步成功制作出一种个性化的手工糖	5	

续表

评价项目	评价内容	分值（分）	得分（分）
物化成果（10分）	对制作出的手工糖进行包装、美化，物化创意的手工糖	3	
	制作PPT（或海报、说明书）介绍你的创意手工糖	3	
	分析实验现象和数据，撰写探究报告（要符合科学探究报告的基本格式）	4	
团队合作（10分）	积极参与调研、讨论、制作、分析、总结等实验的所有活动	5	
	总结在全部探究过程中的贡献，写出活动感言	5	
总分		100	

（五）拓展延伸

引导小组成员在班级交流展示中进行头脑风暴，找到需要继续研究的问题，激发继续探究的热情，培养创新思维。比如：对于这种制糖的工艺，你还想到了什么？如果继续做下去，你还想做什么？

六、教学反思

（一）目标达成

本案例主要是创意物化，而且实验效果比较明显，有一定的新颖性，容易引起学生的兴趣。

（二）教学流程

整个流程比较清晰，但是没有凸显重点制糖工艺，以后的教学中应对效果好、价值高的工艺继续开展研究。

(三) 实验方法

本案例中传承成分较多,创新成分较少,和主题有一定的偏差。建议以后由问题出发,通过创新技法培养学生的批判性思维,提升学生解决问题的能力。

深度解读苏轼,健全自身人格

一、项目背景

传统的心理健康教育理论多关注人的心理问题和心理疾病,而近年来兴起的积极心理健康教育理论则对人性优点及人的价值给予了更多的关注,主张通过发展来化解问题,指出"开发潜能,减负增效"与"塑造积极向上的心态和奠基幸福的人生"是改善学生心理健康的两大途经。

本案例以四川历史文化名人对中学生的学习、生活和人格的影响为研究对象,通过其特有的文化内涵和多样的实践形式为学生积极心理健康教育的开展提供了一个有效的途径,有利于塑造学生的健全人格,改善学生的心理健康状态,使学生积极面对未来的学习和生活。

二、项目目标

(1)以四川历史名人之一的苏轼为研究对象,了解苏轼的生平、经历,阅读苏轼的诗文辞赋,欣赏苏轼的书法、绘画,初步体会苏轼的人格特质。

(2)在认识苏轼人格特质的基础上,运用跨学科的思维,将自己的理解创意物化,综合运用音乐、美术等知识,以绘画、舞台剧、二人转、沙画等形式将体会到的人格特质展示出来,进一步加深对人格特质的理解。

（3）通过对苏轼诗文辞赋的阅读、理解和欣赏，增强文化自信，选择合适的诗文促进对人格特质的理解。

（4）学会通过优秀的传统文化体会健全的人格特质，掌握在实际生活中锻造健全人格的方法。

三、项目适用年级

初中七、八年级。

四、项目课时规划及教学内容（见表1）

表1　项目课时规划及教学内容

课时	教学内容
第1课时	通过新闻、逸闻趣事、诗词名句激发学生参与的积极性
第2~3课时	筛选诗文辞赋名篇，带领学生以多种形式朗读吟诵，提取其中积极的人格特质，分析解决生活中的实际问题
第4~5课时	学生自行筛选诗文辞赋，合作设计诵读、展示的方式，分享带给自身的积极影响
第6~10课时	自行分组，确立小组研究的方向，初步确定有关苏轼诗文辞赋对健全人格形成的作用的研究的设计、实验、分析等过程，分析解决生活中的实际问题
第11~15课时	深度研究苏轼，踏访苏轼故居，深入了解苏轼生活经历。通过再思考，提炼苏轼的诗文辞赋、人生经历和精神特质对自身人格产生的积极影响
第16~20课时	展示、美化作品

五、项目实施

（一）团队建设

学生自由组合，六人为一个小组，设组长、副组长、观察员、记录员,各自的主要任务如表2。每组需每月提交一份关于苏轼的经典著作的阅读报告,开展一次"听、说、读、写、演"任一形式的活动。

表2 组员的主要任务

成员	主要任务
组长	在老师的指导下,带领同组成员讨论方案,并监督执行
副组长	配合组长拟定每次活动的方案,并监督执行
观察员	观察该项目实施一学期后,组员在校内外言谈举止的变化
记录员	记录组员在言行举止、思想方面的突出进步和误区,并及时反馈给老师

(二)知识储备

小组成员自主查阅苏轼的人生际遇,全面了解苏轼;阅读苏轼的相关传记文学以及现代作家的点评文章;确定要诵读的诗文辞赋,并自行阅读鉴赏(如图1),理解苏轼诗文辞赋背后的人格特质及精神世界,从而对苏轼建立起"亲近、亲切"的感情。学习苏轼的优秀品质——忠诚、坚韧、从容、达观……以达到塑造自己健全人格的目的。苏轼主题思维导图如图2。

图1 自行阅读鉴赏

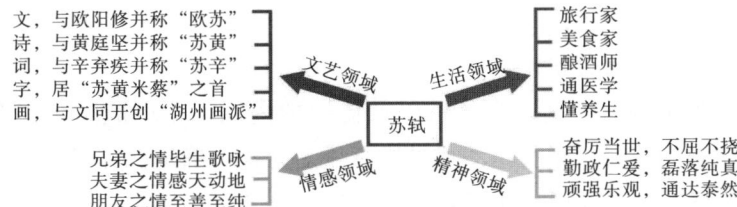

图 2　苏轼主题思维导图

（三）实施过程

1. 方案设计

（1）调研研究价值。

苏轼作为我国古代有名的文学家、旅行家和美食家，其诗词字画乃至美食均对后世产生了深远的影响。苏轼的一生经历坎坷，却能以乐观豁达的心态去面对生活。深度研究苏轼的人格精髓，对塑造学生的健全人格有重要的指导意义。

（2）探究思路。

对班级学生进行走访调查，征询学生在初步了解苏轼之后阅读苏轼诗文辞赋的意愿。证实学生有强烈阅读意愿后，让学生查阅与苏轼相关的内容，收集、诵读苏轼的诗文辞赋。通过小组讨论（如图3），确定要从苏轼的诗文辞赋、生活状况、内心情感、人格特质、生活实际中探究哪些个性气质（探究路径如图4）。

图 3　小组讨论

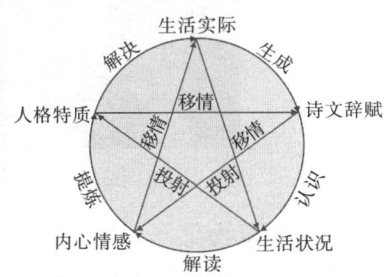

图 4　苏轼个性气质的探究路径

2. **方案实施**

(1) 内容分工。

为了探究苏轼诗文辞赋以及传记的内涵,小组成员分工合作,查阅资料。组长组织成员进行反复讨论,确定探究思路。教师对各小组意见进行汇总,最终确定最佳方案。按时间顺序收集苏轼一生中重要转折时期的诗文辞赋,在反复诵读中提取其中所折射的人格精神。最后收集、整理数据,运用统计学方法分析得出结论。

(2) 小组探究。

各小组根据自己的主题,确定要选的苏轼的诗文辞赋、书法、绘画等,并进行阅读、鉴赏、分析和探究。各小组按照进度安排完成布置的阅读任务,撰写阅读笔记和心得体会,并进行充分的交流,并就组员提出的质疑进行讨论(如图5)。

各小组以苏轼的诗文辞赋、书法、绘画、美食等为依托,讨论确定探究的路径、形式以及拟取得的效果。

图5 小组质疑、讨论

(3) 创意物化。

挖掘苏轼积极的人格特质,并把这种人格特质通过音乐、美术、绘画等形式制作成可视性的作品。

以画绘诗：将诗的意境以绘画的方式展现出来（如图6、图7），投射出学生的内心世界。

图6 以画绘诗（1）

图7 以画绘诗（2）

游学展演：前往苏轼故居三苏祠探访苏轼的逸闻趣事，了解苏轼的幼年生活、历代名人对苏轼的评价等，将自己对苏轼的初步认识以小品、谱诗成歌、诵读经典（如图8）、情景剧（如图9）、二人转等方式进行展演。

图8 游学展演（诵读经典·学习传统礼仪）

图9 游学展演（现场情景剧）

歌舞剧：将苏轼一生的重大事件以歌舞剧的方式进行展示（如图10），在剧中要突出表现苏轼名噪京师的辉煌、面临困厄的豁达、身处逆境的不屈、勤政为民的博爱、诗文创作的才思、书法绘画的造诣等。

图 10　歌舞剧

创意表达：镌写苏轼的诗文，并制作成书签，以警醒和鞭策自己（如图 11）。

图 11　创意表达（镌写诗文并制作成书签）

文学创作：经典诗词放飞自由心灵，坎坷仕途折射理想人格。苏轼是一本永远读不完、读不透的书。可用苏轼的文学创作激励学生随时叩问灵魂，激发学生的创作热情，鼓励学生进行文学创作（如图12）。

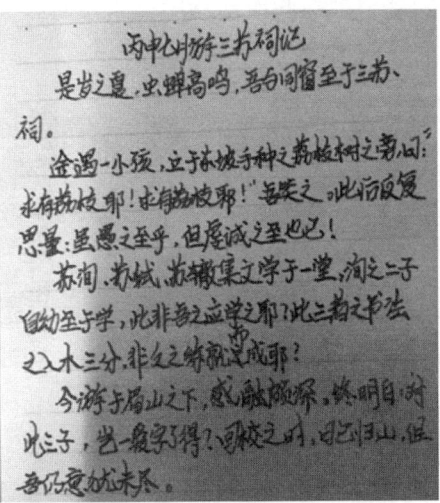

图12　文学创作

丙申七月游三苏祠记

是岁之夏，虫蝉高鸣，吾与同窗至三苏祠。

途遇一小孩，立于东坡手植荔枝树旁，问："求有荔枝耶！求有荔枝耶！"吾笑之，此后反复思量：虽愚之至，但虔诚之至也！

苏洵、苏轼、苏辙集文学于一堂，洵之二子自幼志于学，此非吾之应学耶？此三者之书法入木三分，非久之练就而成耶？

今游于眉山之下，感触颇深。终明白：对此三子，岂一爱字了得？回校之时，日已归山，但吾仍意犹未尽。

沙画演示：将苏轼的《明月几时有》配上音乐，用沙画的光与影献上"但愿人长久，千里共婵娟"的美好祝愿（如图13）。

参加东坡国际半程马拉松赛：全班前往苏轼家乡眉山参加东坡国际半程马拉松赛。一点浩然气，千里快哉风，鼓励学生们将

"奋厉当世、乐观进取、不屈不挠"的东坡精神发扬光大,并化作学习和生活的动力。在此次活动中全班没有一人掉队,展现出了良好的精神面貌(如图14)。

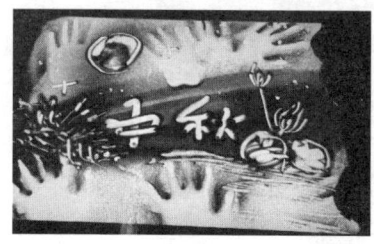
图13 《明月几时有》沙画展示

图14 参加东坡国际半程马拉松赛

(4)撰写研究报告。

在撰写报告之前,整理好研究中使用的资料,按照引言、探究内容、探究原理、探究方法、探究结果、对自身人格的影响、参考文献等格式要求撰写,初稿完成后,小组要反复讨论、修改。

(四)交流评估

1. 展示交流

分组展示、交流研究成果。

2. 评价

采用表3的评价量表,小组之间互评,同时可邀请专家、老师和路人分别进行评价。

表3 评价量表

评价项目	评价内容	分值(分)	得分(分)
知识储备 (20分)	自主查阅苏轼的人生际遇,全面了解苏轼	6	
	阅读苏轼的相关传记文学以及现代作家的点评文章	6	
	确定要诵读的诗文辞赋,理解苏轼诗文辞赋背后的人格特质及精神世界	8	

续表

评价项目	评价内容	分值（分）	得分（分）
传承创新 （20分）	按时间顺序整理苏轼的诗文辞赋、书画、美食	3	
	将苏轼生平与诗文、书画、美食的产生时期进行对应	3	
	在作品中挖掘苏轼的人格特质	5	
	小组探索并确定最佳方案	6	
	讨论苏轼人格特质的创意物化形式	3	
动手实践 （30分）	将诗的意境以绘画的方式展现	3	
	前往苏轼故居，探访苏轼的逸闻趣事，加深了解苏轼	10	
	参加东坡国际半程马拉松赛	10	
	用沙画演示苏轼作品	4	
	镌写苏轼诗文并制作成书签	3	
物化成果 （20分）	将自己对苏轼的初步认识以小品、谱诗成歌、诵读经典、情景剧、二人转等方式进行展演	5	
	将苏轼一生的重大事件以歌舞剧的方式展现	5	
	文学创作	5	
	拓展延伸	5	
团队合作 （10分）	积极参与活动，撰写研究报告	5	
	分组展示交流研究成果，进行自评和他评	5	
总分		100	

（五）拓展延伸

在探究、学习苏东坡人格特质的基础上让学生再思考、反思、总结自己的探究过程和探究结果。并在此基础上进行课堂延伸，如利用此方法探究另一个历史文化名人的人格特质等。

六、教学反思

传统教学过程中，学生对诗文辞赋通常采用朗读、鉴赏、记忆的方式进行学习。但是在深度解读中，朗读只是一个基础。应通过不断地走访、研学、展演、分析、评价和统计，促使学生大胆地想象、探究，在诗文辞赋中挖掘出历史文化名人身上积极的人格特质，并把这种人格特质通过音乐、美术、绘画等形式制作成可观、可感，更可激励人心的作品，最终实现学生自我价值认同的提高和人格精神的积极改变。

苏轼精神的物化，体现在学生的变化上。通过此次对苏轼人格特质的解读和感悟，学生的心理健康状态得到明显改善，生活态度阳光积极，做事有担当，遇事有思考，越来越多的学生在前进的道路上更富激情和勇气，更具毅力和韧性，能以一种积极的态度面对未来的学习生活。

剥茧抽丝

一、项目背景

小学三年级《科学》中的《动物的生命周期》一课,通过蚕的一生来揭示生命周期。课程安排学生养蚕,要求学生不仅要学习如何养蚕,还要观察蚕的生命周期。蚕结出的茧有什么用呢?这跟丝绸就有关了。我国是丝绸文明的始源国,丝绸文明是中华文明起源和形成的一个独特标志。

你能从蚕茧上找到丝头吗?怎样把丝从蚕茧上抽出来呢?带着这样的问题,我们开始了研究。

二、项目目标

(1) 了解蚕茧的作用,知道蚕茧的主要成分,探索为什么蚕茧要煮过才能抽丝。

(2) 了解传统抽丝方法,设计抽丝的方案,比较方案的可行性。掌握剥蚕茧抽丝的技能。

(3) 经历完整的剥茧抽丝过程,感受劳动人民的智慧,体会中华文明悠久的历史,了解蚕丝在人类服饰中的作用,感受艺术美。

(4) 经历假设、实验验证并不断改进方案的过程,激发学习兴趣,体验科学探究的不确定性和创新性,培养自我批判意识和创新能力。

三、项目适用年级

小学三至六年级。

四、项目课时规划及教学内容（见表1）

表1 项目课时规划及教学内容

课时	教学内容
第1课时	设计抽丝的方案，讨论可行性
第2课时	实施方案，经历剥茧抽丝的全过程，掌握抽丝的基本方法
第3课时	改进方案，再次实验，感受煮茧的时间长短对抽丝的影响

五、项目实施

（一）团队建设

四人一组实施项目，组员的具体任务如表2。

表2 组员的具体任务

组员	具体任务
组员一（组长）	整体规划+任务分工
组员二	观察记录+作品介绍
组员三	实时操作+材料准备
组员四	实时操作+材料准备

（二）知识储备

蚕的一生要经历卵、幼虫、蛹、成虫四个阶段，幼虫经历四次蜕皮后会吐丝结茧。蚕茧有什么用？怎样抽丝？丝有什么作用？让学生带着这些问题，通过书籍、网络等各种途径，收集相关资料。剥茧抽丝的知识储备如图1。

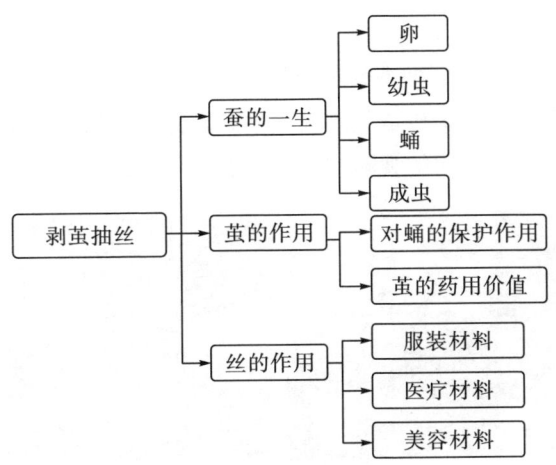

图1 剥茧抽丝的知识储备

(三) 实施过程

1. **方案设计**

在查询相关资料的基础上,让学生交流、分享传统抽丝方法,以及各个步骤的关键点,最后确定剥茧抽丝的方案:剥茧—煮茧—上丝—抽丝—取丝。

2. **方案实施**

(1) 剥茧。

先挑选适合的蚕茧,将蚕茧表面的乱丝剥干净(如图2)。想想:为什么要剥去蚕茧表面的乱丝?

图2 剥去蚕茧表面的乱丝

（2）煮茧。

取十枚蚕茧，仔细观察蚕茧的形状、颜色、透明度。用电磁炉烧水，水开后，将十枚蚕茧放入锅中煮五分钟左右（如图3），再仔细观察蚕茧，将两次的观察结果（蚕茧的不同状态）填写在表3中。

图3　煮茧

表3　蚕茧的不同状态

指标	煮之前	煮之后
形状		
颜色		
透明度		

（3）上丝。

用筷子搅动煮后的蚕茧，当茧丝缠绕上筷子后，慢慢挑出水面，这样就找到了丝头（如图4）。

图4　搅动蚕茧直到茧丝缠绕在筷子上

(4) 抽丝。

将丝头绕在抽丝机上，转动抽丝机抽丝，注意抽丝的速度不可太快（如图5）。抽到最后，可以看到蚕茧里面的蚕蛹（如图6）。

图5　用抽丝机抽丝　　　　图6　蚕茧里面的蚕蛹

(5) 取丝。

抽完丝后，取下轮子，将丝取下来。图7是缠满抽丝机的茧丝，图8是已经取下来的缠好的茧丝。

 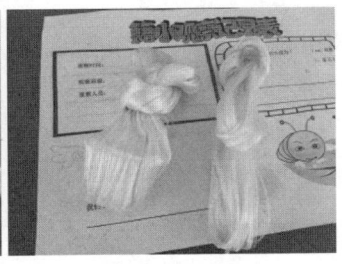

图7　缠满抽丝机的茧丝　　　　图8　取下的茧丝

(6) 识丝。

估一估你抽的丝的长度，再量一量。你发现了什么？丝来自蚕的丝腺体，主要含有蛋白质和纤维。

3. **方案改进**

(1) 猜想。

如果煮茧时间过短，抽丝效果会怎样？如果煮茧时间过长，抽丝效果又会怎样？设计实验来验证你的猜想，并将实验结果记录在实验记录单上（如表 4）。

表 4 实验记录单

实验记录单			
实验名称：水煮时间对茧丝的影响			
实验材料：			
操作员：	观察员：	记录员：	
水煮时间	茧的颜色	抽丝情况	丝的柔和度

（2）创新。

除了煮茧可以软化丝胶，还有其他方法吗？

配制脱胶溶液，将蚕茧浸泡在脱胶溶液中，也能快速脱胶。另外，还可以用生物酶来给蚕茧脱胶。大家可以查询相关资料看看有没有其他方法，然后分享。

（3）思考。

茧丝抽完后，蚕蛹会怎么样？有没有方法既能抽丝，又能保护蚕蛹的生命？

（四）交流评估

1. 成果发布

分组展示研究成果，并充分交流。

2. 评价

利用表 5 的评价量表进行小组的自评和他评。展示成果时，也可邀请专家、老师、路人进行评价。

表5 评价量表

评价项目	评价内容	分值（分）	得分（分）
知识储备（20分）	知道蚕一生经历的过程，正确表达蚕一生的四个阶段	8	
	了解蚕茧的作用	6	
	了解丝的作用	6	
传承创新（20分）	列出一种传统的抽丝方法	6	
	讨论抽丝过程中出现的问题，提出恰当的解决方案	6	
	写出方案的具体实施方法，画出方案实施流程图，要有详细的安全措施	8	
动手实践（30分）	选择方便实用的抽丝器材，列出选择每一种器材的原因、器材的购买途径	4	
	按照方案设计的方法规范操作，注意安全	8	
	能灵活处理操作过程中遇到的问题并做记录	4	
	详细记录观察到的实验现象和数据	4	
	熟练掌握一种抽丝方法	10	
物化成果（20分）	将茧丝理顺，并有序摆放	5	
	制作PPT（或海报、说明书）介绍你的抽丝过程	5	
	分析实验现象和数据，撰写探究报告（要符合科学探究报告的基本格式）	5	
	能口头清晰表达探究的全部过程，并突出探究的亮点	5	

续表

评价项目	评价内容	分值（分）	得分（分）
团队合作（10分）	积极参与调研、讨论、制作、分析、总结等所有实验过程	5	
	总结自己在探究过程中的贡献，并发表活动感言	5	
总分		100	

（五）拓展延伸

（1）了解有关丝绸之路的故事。

（2）用茧丝做一件小手工。

六、教学反思

本次活动是在小学三年级开展的养蚕的实践活动基础上开展的，既是基于学科的拓展活动，又是抽丝的创新活动。通过对煮茧时间的探索，学生收集数据，验证猜想，调整方案。

活动需要的材料及用具比较易得，购买或自制均可，实验操作简单，容易激发学生的兴趣，并且实验过程也体现了创新性和探究性。

自制麦克斯韦滚摆

一、项目背景

麦克斯韦滚摆是用来演示重力势能与动能相互转化过程中机械能的总量保持不变的仪器。虽然有的学校实验室有麦克斯韦滚摆实验模型（如图1），但是一般很难接触到。网上也有相应的套件出售，但是价格不菲。我们能否利用生活中常见的物品自制麦克斯韦滚摆呢？这不仅可以将生活中的废物加以利用，还能锻炼学生的动手能力，让其体验工程设计的思维和制作过程，培养其发现问题、解决问题的能力。接下来就让我们一起来动手制作吧！

图1 实验室中的麦克斯韦滚摆实验模型

二、项目目标

（1）通过查阅资料，了解麦克斯韦滚摆的基本结构和工作原理。

（2）体验工程设计的一般过程（明确需求—设计方案—制作模型—测试优化），培养设计思维和创新意识。

（3）根据STEM的教育理念，综合运用科学、技术、工程、数学的知识去解决遇到的实际问题，提升STEM素养。

(4) 通过小组合作的方式完成任务，培养协调能力以及团队合作意识。

三、项目适用年级

小学三年级至初中九年级。

四、项目课时规划及教学内容（见表 1）

表 1　项目课时规划及教学内容

课时	教学内容
第 1 课时	明确目标，了解麦克斯韦滚摆的构造和工作原理，提出设计方案，在生活中寻找适合的材料
第 2 课时	依据设计方案，画出设计图，根据设计图制作滚摆模型
第 3 课时	检验成品的运行效果，发现问题，解决问题，迭代优化滚摆模型
第 4 课时	分享交流，展示制作的滚摆成品，相互评价，提出新问题

五、项目实施

（一）团队建设

根据特长自由组队，四人一组，教师根据组内异质、组间同质的原则对组员进行微调，组员的具体任务如表 2。

表 2　组员的具体任务

组员	具体任务
组员一（组长）	统领、督促全组完成项目任务，展示交流成果
组员二	带领全组查阅资料，写出设计方案，画出设计草图
组员三	带领全组根据方案收集生活中的制作材料，根据图纸进行制作
组员四	带领全组测试模型，优化模型

(二) 知识储备

基于活动项目，通过图书馆、网络等途径做好麦克斯韦滚摆的构造及工作原理等知识储备（如图2），拓宽知识面，尽可能全方位、多角度地去了解要解决的问题，做好充分的准备。

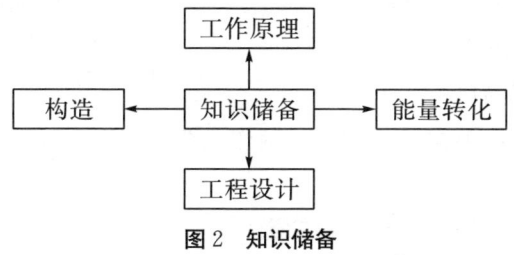

图2 知识储备

1. 麦克斯韦滚摆的工作原理

当捻动滚摆的轴，使滚摆上升到顶点时，滚摆储蓄一定的重力势能。当滚摆被释放，开始旋转下降时，滚摆的重力势能随之逐渐减小，而动能逐渐增加。当滚摆运动到最低处时，滚摆动能最大。由于滚摆仍继续旋转，它又开始缠绕悬线使滚摆上升。滚摆上升过程中动能逐渐减小，重力势能逐渐增加，上升到最高点时，动能为零，而重力势能最大。如果没有任何阻力，滚摆每次上升的高度都相同，说明滚摆的重力势能和动能在相互转化过程中，机械能的总量保持不变。

2. 麦克斯韦滚摆运动过程中的能量转化

当滚摆下降时，随着高度降低，重力势能逐渐减小，转动速度越来越大，转动动能也越来越大；当滚摆上升时，随着高度升高，重力势能逐渐增大，转动速度越来越小，转动动能也越来越小。

在滚摆的运动过程中，当高度降低时，滚轮的重力势能减小，动能增大，即重力势能转化为动能；反之，当高度增大时，滚轮的动能减小，重力势能增大，即动能转化为重力势能。

3. 麦克斯韦滚摆的结构

麦克斯韦滚摆的结构如图 3，其中 1 为底座，2 为滚轮，3 为滚轮轴，4 为支撑杆，5 为悬线，6 为摆梁。

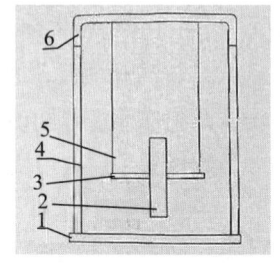

图 3　麦克斯韦滚摆结构图

（三）实施过程

1. 方案设计

（1）明确目标。

利用生活中常见的材料，制作一个麦克斯韦滚摆。

（2）分解问题。

确定滚摆的结构和材料的选择。

（3）工程设计。

找问题，提方案：小组成员全员参与，头脑风暴。用什么物体代替滚摆的轮子？如何保证滚摆稳定运行？

问题聚焦：对比方案、评价、交流，分析各种方案的优缺点和可操作性，确定最优方案。

方案可视化：根据本组的设计方案，绘出滚摆的设计草图（如图 4）。

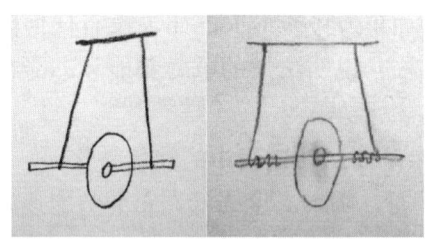

图 4　滚摆的设计草图

2. 材料准备

依据设计方案，确定需要的材料，列出材料清单。小组成员根据实际情况，分工合作，准备材料、工具。

表 3 是其中一个小组的材料清单。

表3 自制麦克斯韦滚摆的材料清单

分类	名称	来源	负责人
滚轮	废旧光盘	家里或废品回收站	小组成员1
绳子	细线或棉线	家里或店铺	小组成员2
轴	竹签/铁丝	家里或店铺	小组成员3
卡子	泡沫塑料	家里或回收站	小组成员4

3. 制作成品

根据设计方案，分工合作，动手制作麦克斯韦滚摆。

下面是其中一个小组的制作过程。

（1）准备图5中的材料。

（2）把两张光盘合在一起，用泡沫塑料塞紧它们中间的圆孔，将竹签从泡沫塑料正中间扎过去，使竹签在两边留的长度相同（如图6）。

图5 所需的材料　　　　图6 制作步骤（1）

（3）截一段长约1米的细线，线的两端绑紧在竹签上，两边到光盘的距离要大致相等，然后，提起线的中部，让竹签水平，捻动竹签让光盘转动起来。把线绕在竹签上，然后松手（如图7）。

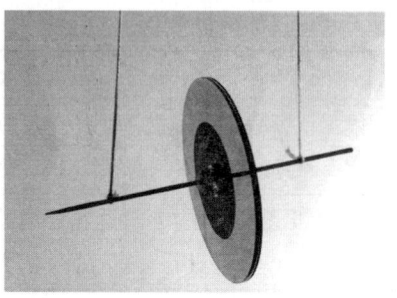 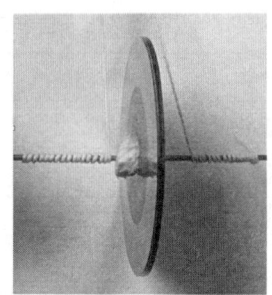

图 7　制作步骤（2）

4. 测试优化

（1）项目测试。

检验自制麦克斯韦滚摆的效果，并将测试数据记入表 4 中。

表 4　测试数据

测试次数	细线缠绕圈数	滚轮往复次数	滚轮稳定程度

（2）迭代优化。

小组讨论测试数据，分析自制麦克斯韦滚摆的效果是否达到预期。若没有达到预期，找出失败的原因，并寻找改进的方法。

例如，对于发现的问题——竹签在泡沫塑料中容易打滑，细线拴得不牢，容易打滑，可做以下迭代优化。

①第一次迭代优化。

改进方法：用热熔胶加固竹签和泡沫塑料，以及泡沫塑料和光盘接触的地方（测试发现 502 胶水会腐蚀泡沫塑料）；用 502 胶水加固细线和竹签固定处（如图 8）。

图 8　第一次迭代优化

测试效果：滚摆能够运行，但是很不稳定，估计是手提细线容易晃动导致的。

②第二次迭代优化。

改进方法：增加固定支架（如图 9）。

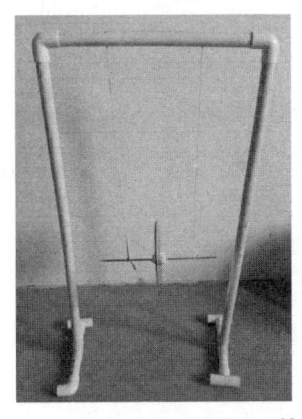
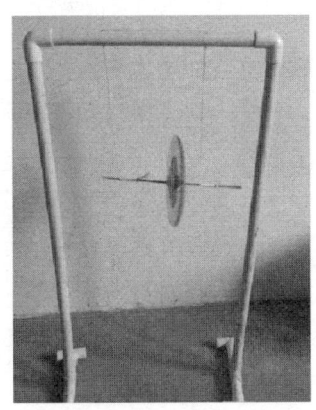

图 9　第二次迭代优化

测试效果：运行比较稳定，但是持续上升和下降的次数不够多；两边绳子的长度一定要保证相同，否则会导致运行不稳定。

思考：除了结构以及稳定性外，还有哪些因素会影响装置运行的效果呢？（比如滚摆的质量、绳子和轴之间的摩擦等）可以将其作为继续探究和改进的地方。

（四）交流评估

1. **成果发布**

展示自制的麦克斯韦滚摆，讲述制作过程中遇到的问题，解决的办法，并交流心得；总结此次活动中自己的收获。

2. **评价**

利用表 5 评价量表进行自评和他评。

表 5 评价量表

评价项目	评价内容	分值（分）	得分（分）
知识储备 （20 分）	认识麦克斯韦滚摆的基本构造	10	
	了解麦克斯韦滚摆的工作原理	10	
传承创新 （20 分）	列出生活中可以用于制作麦克斯韦滚摆的材料清单	4	
	画出设计草图	4	
	写出方案的具体实施方法，要有安全措施	8	
	列出在制作过程中的创新点	4	
动手实践 （30 分）	选择合适的材料，列出选择每一种材料的原因及材料的用途	4	
	根据方案设计和草图进行制作，要求操作规范、安全	6	
	能灵活处理制作过程中遇到的问题，并做好记录	4	
	初步成功制作出一个麦克斯韦滚摆模型	6	
	记录测试数据，对数据进行分析	4	
	根据测试结果，提出优化方案	6	

续表

评价项目	评价内容	分值（分）	得分（分）
物化成果 （20分）	制作的麦克斯韦滚摆外形美观，富有创意	3	
	制作的麦克斯韦滚摆模型能稳定运行	5	
	制作PPT（或海报、说明书）介绍你的麦克斯韦滚摆模型	6	
	表述设计、制作、迭代优化中遇到的问题，以及是如何解决的	6	
团队合作 （10分）	组内成员分工协作，每个人都充分参与设计、讨论，并合作完成项目	5	
	总结自己在活动过程中的贡献，并分享汇报	5	
总分		100	

六、教学反思

本案例采用生活中常见的材料，让学生动手设计方案、制作模型、测试和优化，在真实的情景中不断发现问题、解决问题。此活动将STEM教学的核心理念融入学生的意识，对学生后续的学习能起到很好的促进作用。

学生在设计、制作过程中会有很多新颖的想法，教师要多鼓励和引导学生大胆尝试。当遇到问题的时候，要先让学生自己去想办法解决，教师可以做适当的提示，但不能"包办"。最后，教师要对每一组作品进行点评，首先是肯定优点，然后指出不足和提出改进意见，让学生明白不是简单做一个模型就可以了，在这个过程中学到的科学方法、科学思想才是最重要的。

探索陶艺之旅，制作倒流香器

一、项目背景

陶瓷艺术是中华民族智慧的结晶、东方文化的典范。随着陶瓷艺术的多方面发展，陶艺教育也越来越凸显其重要性。天府之国盛产陶瓷，在中国陶瓷史上也具有举足轻重的地位。地处天府新区永兴丹土地的四川龙窑，建于清朝同治年间，因此也称为同治龙窑。我校多年以前便与同治龙窑合作建成了天府新区陶艺教育基地。

倒流香由来已久，点燃倒流香，放到倒流香器上，若室内没有风，烟气能像流水一样，从上往下流动，云腾雾绕，意境幽远，为文人墨客所喜好。班上的学生想利用陶艺课的时间，制作属于自己的个性化的倒流香器。接下来我们就一起探索、体验这一陶艺之旅。

二、项目目标

（1）通过活动，认识制作原料，了解陶瓷作品的制作流程、烧制温度、陶艺的发展史等相关知识。

（2）经历工程设计的一般过程：明确目标—设计绘图—动手制作—测试样品—改进作品。掌握倒流香器的成型方法、装饰手法、上釉方法、烧制方法。

(3) 通过活动了解、学习、体验、传承我国优秀的传统文化和工艺，感受陶瓷艺术的魅力。

(4) 结合物理、化学、数学、美术、工程等学科知识制作、美化陶瓷工艺品，培养跨学科学习的思维方式，以及感受美、表现美的能力。

三、项目适用年级

初中七至九年级。

四、项目课时规划及教学内容（见表1）

表1　项目课时规划及教学内容

课时	项目内容
第1课时	了解中国陶艺的发展史、四川龙窑的相关历史，并分享交流
第2课时	认识陶艺制作原料，了解制作流程；掌握倒流香器的成型方法、装饰手法、上釉方法、烧制方法等；认识倒流香的原理，了解倒流香器的基本结构
第3~4课时	画出设计草图，制作倒流香器初坯
第5课时	打磨、修坯、测试、改进
第6课时	素烧定型
第7课时	打磨、装饰、上釉、烧制成品
第8课时	成果发布，交流分享

五、项目实施

（一）团队建设

三人一组，并选择一名组长统筹安排，组员的具体任务如表2。

表2 组员的具体任务

组员	具体任务
组员一（组长）	收集整理资料、设计绘制草图、制作零部件
组员二	写交流心得、取泥揉泥、制作零部件
组员三	工具准备、制作零部件、汇报展示

（二）知识储备

1. 了解制作原料

（1）陶泥：即陶土，是指含有铁质而带黄褐色、灰白色、红紫色等色调，具有良好可塑性的黏土。其泥质粗糙，容易成型，耐火度低，烧制温度在 1000～1200℃，烧结后颜色较深，适合手工成型。

（2）瓷泥：岩石风化后入土较深的黏土，手感细腻，含铁量少，耐火度高，烧制温度在 1260～1320℃，烧结后呈白色，硬度强。

（3）釉料：陶瓷坯体表面附着的一层玻璃质体。

2. 认识常见的成型方法

（1）捏塑成型。

捏塑成型是徒手捏塑作品的方法，多用于制作小件陶瓷品，如陶瓷娃娃、杂技人、十二生肖等，是陶艺最基本、最简单的制作方法之一，也是初学者体验泥性的最基础练习（如图1）。

图1 捏塑成型

（2）泥条盘筑成型。

泥条盘筑成型是最古老的陶艺成型方法之一。它是将泥搓滚成泥条，再将泥条层层盘叠垒筑成型。每添加一层，都要将连接处压实，以免烧制时裂开（如图2）。这种成型方法可以实现自由弯曲和变化，为主题表达提供了广阔的空间，在现代陶艺创作中被广泛应用。

图2　泥条盘筑成型

（3）泥片成型。

泥片成型是将泥压制成泥片，再用泥片进行塑型（如图3）。泥片成型运用范围较广，从平面到立体都可进行塑型。

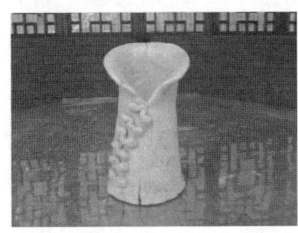 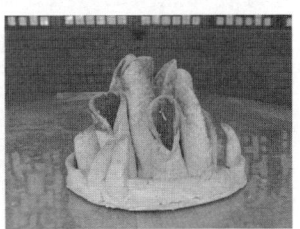

图3　泥片成型

（4）拉坯成型。

拉坯成型是将泥团放在拉坯机上，运用旋转的力量配合双手的动作，塑造各种形状的方法（如图4）。这种方法对操作者技术要求较高，需要花较长时间练习才能掌握。拉坯完成后，还有修整工序，叫作修坯，就是利用工具修剪掉多余的泥土，或重塑形态，或做简单的修整。

图 4　拉坯成型

3. 认识装饰手法

（1）粘贴装饰。

粘贴装饰即将捏塑好的或模印好的纹饰粘贴于器型坯体上的一种方法。它具有纹饰突出、层次分明、立体感强的特点。

（2）肌理装饰。

肌理装饰就是运用各种模具或生活物品，如钥匙、树叶、麻绳等，在坯体上压印出各种花纹。

（3）釉料装饰。

釉是陶瓷坯体表面附着的一层玻璃质体，釉料装饰是用釉色对坯体进行装饰点缀的方法，如新彩、古彩、粉彩、青花等。施釉方法主要有浸釉、刷釉、烫釉、喷釉、淋釉。

（4）雕刻装饰。

雕刻装饰是指用雕刻刀在坯体上刻画纹样，进行美化装饰。

整理以上知识，形成倒流香器的知识储备，如图 5。

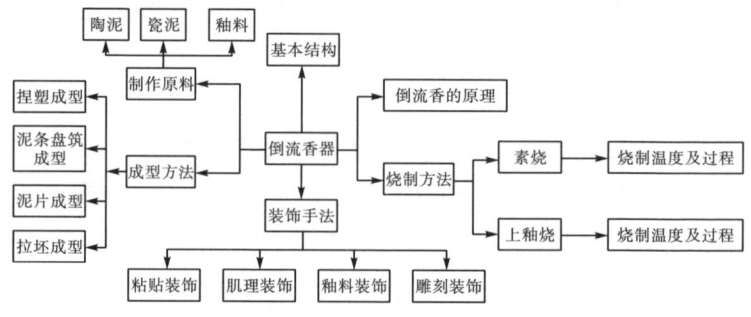

图 5　倒流香器的知识储备

（三）实施过程

1. 探索历史

利用课外时间，通过查阅书籍、上网查询、询问师长、游学调研等途径，了解中国陶艺发展史、四川龙窑相关历史，并写出心得体会，在课堂上交流分享。

2. 设计绘图

认识陶艺制作原料、成型方法、装饰手法、上釉方法、烧制方法、制作流程、制作工具等相关知识。倒流香的原理是其燃烧过程中焦油含量高，烟雾的密度略大于空气密度，从而像水一样从高处往低处流动。了解倒流香器的基本结构，给烟雾设置向下流动的通道，为了增强其观赏性和艺术感，通道设计应有层次感。

经过第一轮的小组讨论、交流后，所有成员都要提出自己的倒流香器设计方案。然后进行小组第二轮讨论，确定最佳方案，并绘制出图稿。

3. 准备材料和工具

材料：陶土、釉料。

绘图工具：速写纸、铅笔、橡皮擦、规尺。

制作工具：陶艺工作台、手工转盘、垫板、毛巾、取水盆、吸水布、海绵、泥塑工具、打磨工具、修坯工具。

上釉工具：喷壶、排笔、排刷、手工转盘、盛釉料盘。

烧制工具：电窑。（本项目使用的是电窑，也可根据实际条件选用柴窑、气窑）

部分工具如图 6。

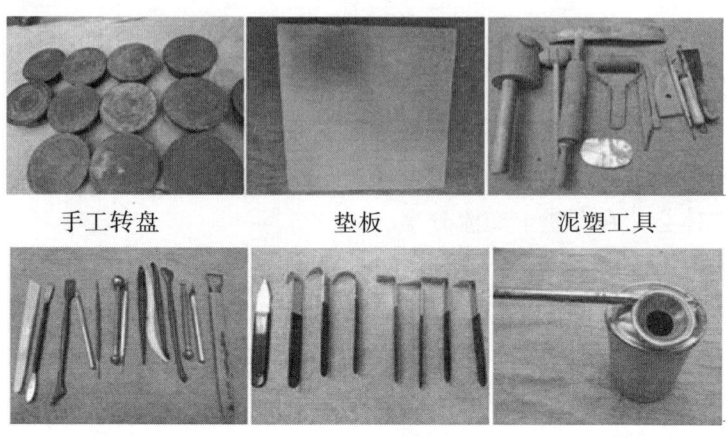

| 手工转盘 | 垫板 | 泥塑工具 |

| 打磨工具 | 修坯工具 | 喷壶 |

图 6　部分工具

4. 制作初坯

各小组根据自己的设计分工合作,选择相应的工具和成型方法,制作初坯。本项目采用捏塑成型和泥片成型两种方式。初坯制作流程:取泥—揉泥—制作部件—拼接组装(如图7)。

图 7　初坯制作流程

5. 打磨修坯

初坯塑型初步完成后，利用修坯工具，修剪掉多余的黏土或做简单的修整，让陶瓷作品更美观，如图 8。

图 8　打磨修坯

6. 测试和改进

塑型完成后，点香检验烟道是否通畅，是否有层次感，并根据需要改进，如图 9。

图 9　测试

7. 晾干陶坯

陶坯制作完成后，需要自然晾干（注意：不可暴晒，暴晒容易使陶坯裂开）。根据环境温度、作品厚度的不同，需要的晾干时间也不同。气温在 20~30℃ 时，多需要一周左右；气温在 20℃ 以下时，多需要两周左右。

8. 素烧定型

样品测试完成后，素烧定型。不同地方的陶泥，成分不同，再加上作品厚薄程度不同,烧制所需要的温度也不同。一般素烧温度在 700~800℃。本项目烧制温度设计在 800℃,烧制 5 h 后,再降温 20 h,当温度降至 300℃左右时可以开窑。开窑时,注意先将窑门打开一小缝隙,再降温 30~60 min,待温度降至 180℃以下时,可以取出陶瓷品。(注意:温度较高,小心不要被烫伤!)

9. 整形装饰

用打磨工具对素烧后的作品进行打磨整形,然后上釉装饰(如图 10)。上釉有吹、喷、画、浸等不同方法,根据需要自行选择。

图 10 整形装饰

10. 烧制成品

上釉完成后,可直接入窑烧制。烧制过程要逐渐关门,窑内温度每上升 50℃,门打开的幅度就减小一点,当温度上升至 400℃时,可以关闭窑门(注意:此时并未封闭窑门),当温度接近 500℃时,封闭窑门。最终烧制温度一般在 1150~1300℃,烧制时间 7~8h。本项目烧制温度设计为 1150℃,烧制时间为 8 h。烧制完成后,降温冷却 20 h 以上,当温度降至 300℃左右时可以开窑。开窑过程与素烧开窑过程相同。

11. 迭代优化

各小组根据自己的成品情况,分析评价自己的作品,并在小组间交流分享。成功了的小组分享经验与心得,失败了的小组分析失败的原因,如:连接处不牢固、厚薄不均匀,导致陶坯烧裂;火候不恰当导致烧制效果不理想;尺寸、结构设计不合理导致烟道不通畅等。失败的小组可再次进行制作,直到成功为止。

(四) 交流评估

1. **成果发布**

各小组展示介绍自己的作品(如图11~图14),并分享制作过程中的感悟、得失和经验。老师点拨作品时要渗透德育教育,可将烧制火候比喻成人生。

图11 作品:爱莲说

图12 作品:至简

图13 作品:顺流而下

图14 作品:曲径通幽

2. **评价**

利用表3评价量表进行自评和他评。

表3 评价量表

评价项目	评价内容	分值（分）	得分（分）
知识储备 （20分）	认识陶瓷制作原料的名称、基本特性、烧制温度	6	
	列举三种以上陶瓷制作的成型方法	8	
	列举三种以上陶艺装饰手法	6	
传承创新 （20分）	能大致说出中国陶艺的发展历程	3	
	了解四川龙窑的发展史	3	
	了解倒流香原理	3	
	绘制设计图	8	
	设计的倒流香器结构有创新点	3	
动手实践 （30分）	能熟练地使用工具进行制作	5	
	按照方案设计的方法规范操作，注意安全	5	
	至少能掌握一种陶瓷制作的成型方法	5	
	能测试倒流效果，并能进行改进	5	
	至少使用一种装饰手法对作品进行美化	5	
	最终成品与设计图纸基本一致	5	
物化成果 （20分）	成品倒流效果好，烟雾下沉流畅	6	
	作品美观，有层次感	4	
	制作PPT（或海报、说明书）介绍自己的创意	6	
	能口头清晰表达制作的过程，分享经验	4	

续表

评价项目	评价内容	分值（分）	得分（分）
团队合作（10分）	全员积极参与整个过程，相处和谐	5	
	成员分工明确，能发挥各自的特长，团队优势得到较好发挥	5	
	总分	100	

（五）拓展延伸

（1）倒流香料是如何制作的？可否自己配制？

（2）陶瓷品在烧制过程中发生了哪些物理变化？发生了哪些化学变化？

六、教学反思

本案例是我校陶艺系列课程中的一部分。陶艺课程的学习，有利于学生了解、学习、体验和传承我国优秀的传统文化和工艺。另外，我校创造性地将陶艺课程与学科教学结合，并融入品德教育，以项目式学习的方式，提升学生的科学素养、人文素养、美术素养、工程素养，同时培养学生专心致志、百折不挠等品质。

本案例的设计存在不足，应适当增加探究性内容，比如，可探究烧制温度对成品硬度的影响、烧制温度对成品色泽的影响、陶瓷形状对倒流效果的影响等。

有故事的面具

一、项目背景

面具制作是一门集趣味性、知识性、实践性、创造性于一体的课程,重在培养学生的核心素养能力。课程的创作过程,需要融合多种学科知识与技能的传承、创新,完成一件件艺术作品。

面具的装饰艺术表达内容广泛,风格迥异,表现出了人类丰富的想象力和创造力,为人们的生活增添了无穷的乐趣。虽然我们在生活中常会见到面具,但多数人并不知道这些实用又美观的艺术品背后的故事。让我们一起探索有故事的面具,用双手创造属于自己的艺术品。

二、项目目标

(1)了解面具文化,知道陶艺的各种成型手法、工艺流程。

(2)根据工程设计的方式,大胆探索、创新、设计,制作出有故事的面具,了解面具体现的世界文明。

(3)根据 STEAM 的教育理念,综合运用科学、技术、工程、艺术、数学、历史等多学科知识,注重综合技能的提升,通过了解不同面具背后的文化,创作出不同的作品。

(4)在项目式学习中搜集与整理资料、分享汇报、设计方案、动手操作、展示分享，以此锻炼思维方法和实践能力，从而获得"发现问题—分析问题—解决问题"的综合能力。

三、项目适用年级

小学五、六年级。

四、项目课时规划及教学内容（见表1）

表1 项目课时规划及教学内容

课时	教学内容
第1课时	面具故事——资料搜集与整理
第2课时	面具故事——分享、汇报
第3课时	设计有故事的面具
第4～5课时	艺术创作
第6课时	艺术展览，展示交流

（注：老师可根据自己的实际情况适当缩减或延长教学时间）

五、项目实施

（一）团队建设

组长通过竞选产生，组长根据学生的特长进行团队组建。团队内要分工合作，明确每位同学的分工任务。具体任务见表2。

表2 组员的具体任务

成员	组长	组员1	组员2	组员3	组员4
具体任务	任务分配 + 统筹安排 + 面具制作	资料搜集 + 方案商讨 + 绘制设计图	整理资料 + 分享汇报 + 展示交流	资料搜集 + 面具制作 + 展览设计	资料搜集 + 材料准备 + 面具制作

（二）知识储备

1. 陶艺成型手法

陶艺成型手法包括盘条成型、泥片成型、拉坯成型、捏塑成型、注浆翻模成型等。

2. 捏塑的方法

捏塑的方法有揉、捏、搓、按、压、堆、刻等。

3. 陶艺工艺流程

泥→揉泥→用各种成型法制作→修坯→晾坯→施釉→装窑烧制。

4. 烧制工艺

素烧：素烧是将黏土转化成永久陶瓷的第一步，通常在施釉前进行。一般情况下素烧温度控制在500~1000℃。

釉烧：釉烧通常在素烧和上釉之后的第二次烧制，为的是把釉料融化的器皿上，这时烧制的温度由釉料和器皿本身的黏土决定的，常用陶器为800~1000℃，瓷器为1200~1400℃。

（三）实施过程

1. 聚焦问题

（1）不同面具带给你什么不同的感觉？

（2）他们的形象有什么特点？

（3）他们的形象有什么相同处与不同处？

（4）他们的形象用了什么样的创作手法？

（5）不同面具背后有着怎样不同的故事？

2. 汇报、分享

小组汇报、分享对不同地域、不同文化、不同表现形式的面具的调查研究结果，对面具的形象进行分析，找出富有艺术魅力的形象特点。

3. 方案设计

（1）提示学生：面具中所出现的造型结合了生活和自然界中的哪些形象，采用了哪些富有美感的线条、图案和色彩。

（2）启发学生：结合已有的经验和对生活、艺术作品的理解，运用点、线、面的构成方式，丰富的造型元素，赋予作品特定的意义，设计出富有新意的面具形象（如图1）。

图1　面具设计

4. 制作过程

（1）准备好所需工具、材料（如陶泥、泥塑工具、泥浆等），具体见表3。

表3　工具、材料清单

序号	工具/材料	单价	数量	金额	备注
1	陶泥	3元/斤	50斤	150元	
2	泥浆	/	不限量	/	自己制作

续表

序号	工具/材料	单价	数量	金额	备注
3	陶艺专用工具	45元/套	2套	90元	
4	丙烯颜料	12元/色	24色	288元	
5	排笔	/	/	/	学生自带
6	调色盘	/	/	/	学生自带
	共计			528元	

（2）根据所设计的面具形象，以及不同的成型技法选取软硬度不同的陶泥。

（3）制作步骤：①用泥片成型制作脸形（注意：泥片的厚度应在1~1.5cm）；②在完成的脸形上定位，将设计好的面具形象勾画出来；③用捏塑成型制作五官（注意：粘贴的部位要使用泥浆）；④添加装饰，使面具更加具有特色；⑤刻画细节；⑥完成作品。如图2。

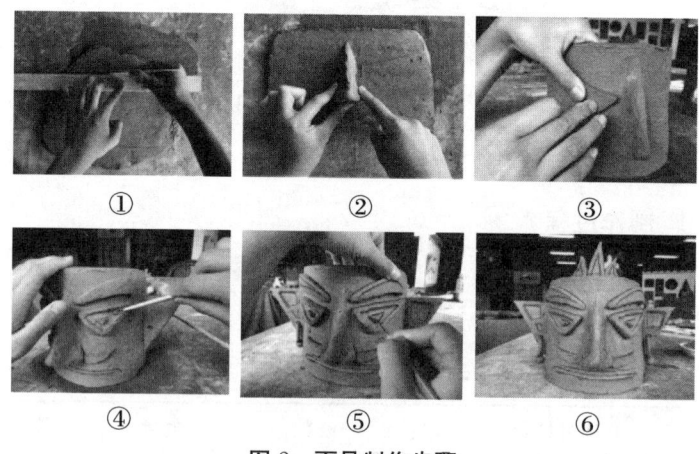

图2 面具制作步骤

（4）晾干后放入电窑进行烧制（注意：根据不同情况可以采

用不同的上色方式）。

釉烧：晾干后先用 500℃ 左右素烧后上釉，然后用 1200℃ 以上温度烧制，使其产生窑变的色彩效果。

素烧：晾干后先进行 800～1000℃ 的素烧，取出后用丙烯颜料上色。

本次课例选用的是素烧的烧制方式。

表 4 为一般陶艺作品用电窑素烧的升温速度。

表 4　一般陶艺作品用电窑素烧升温速度

手动调温	升温速度
常温～50℃	1～1.5℃/分（可将窑门打开 2～5cm）
50～100℃	1～1.5℃/分（可将窑门打开 2～5cm）
100～150℃	1.5～2℃/分（窑门紧闭）
150～300℃	1.5～2℃/分（窑门紧闭）
300～500℃	3～6℃/分
500～800℃	3～1.5℃/分

注意：在陶坯体未干透进行烧制时，可根据湿度大小适量调慢升温速度，升温不宜过快，否则坯体容易爆裂。在低温阶段，如果温度器不能调至所需要求，可将窑门开启 2～5cm 来调节升温速度（电窑型号不同，升温速度不同，可根据具体情况调整）。

（5）色彩装饰：用丙烯颜料为面具添加色彩。注意应根据作品预先设计的年代选择对应的颜色。

（四）交流评估

1. 成果展示

学生自行设计展场，通过艺术展览的方式展示作品。小组成员各司其职，完成作品的展示和交流，通过介绍自己作品的设计理念、制作过程及背后的故事等，充分调动学生的积极性、参观者的好奇心。

(1) 第一小组作品：《有趣的面具》。

古蜀人的面具大多用于祭祀活动，特征突出、造型夸张。如图 3，学生制作的是古蜀孩童过节佩戴的面具，并赋予了更多的童趣。古蜀人渴望了解自然界的神秘现象，比如雷声、闪电等。因此学生为面具设计了一对大耳朵和一张大嘴巴，表达了孩童希望用大耳朵听到雷声并储存下来，大嘴巴发出比雷声还大的声响，赶走大自然里的猛兽。最后涂抹一层金色，使面具更为古朴、漂亮。

图 3 《有趣的面具》

(2) 第二小组作品：《非洲面具》。

非洲面具种类繁多，色彩鲜艳的特点吸引力第二小组成员的注意，于是他们决定以此主题，用超轻粘土制作一个富有非洲文化气息的面具。该面具的构成运用了对称及点、线、面，同时加入各种不同的泥条、泥球，以及一些漂亮的图腾图案，巧妙利用色彩搭配，使面具的形象生动鲜活，让人眼前一亮，如图 4。面具最为新颖的地方是色彩较为艳丽，能够凸显出古代部落的文化特质。

图 4 《非洲面具》

（3）第三小组作品：《有故事的陶艺面具》。

本作品是根据我国古代的神话传说而设计。在了解了古蜀人的生产、生活面貌后，小组成员发现古蜀人有着天马行空的想象力。以此为基础，第三小组将三星堆的面具形象与龙的形象相结合。将面具的眼睛设计为龙的眼睛，并进行了放大，如图 5。通过这件作品，第三小组想要传递一种精神，即希望自己具有龙之精神，无坚不摧、战无不胜。

图 5 《有故事的陶艺面具》

2. 评价量表

利用表 5 评价量表进行自评和他评。

表5 评价量表

评价项目	评价内容	分值（分）	得分（分）
知识储备（20分）	列出三种以上面具的历史、演变和发展过程，不同地域面具的不同特点	6	
	熟悉陶艺成型手法、捏塑的方法、工艺流程	6	
	画出一种陶艺面具制作的知识网络	8	
传承创新（30分）	以小组为单位对不同地域、不同文化、不同表现形式的面具进行探究，找出面具背后的故事	5	
	对面具的形象进行分析，找出不同面具的形象特点	5	
	设计富有新意的面具形象，说出面具背后的故事	5	
	画出面具的设计图，写出具体制作方法	9	
	设计灵感，说明作品各种特殊的相貌和代表意义	6	
动手实践（30分）	选择适合面具特点的一种陶泥，并说明原因	3	
	按照方案设计图进行制作，根据制作工艺规范操作	8	
	能灵活处理制作过程中遇到的问题并记录下来	4	
	熟练应用陶艺的各种成型手法	5	
	成功制作出一件有故事的面具作品	5	
	详细记录烧制过程中的作品现象和温度变化数据	5	

续表

评价项目	评价内容	分值（分）	得分（分）
物化成果（10分）	学生自己设计、布置展场，通过艺术展览的方式进行作品展示	3	
	介绍作品的设计理念、制作过程及面具背后的故事	4	
	运用各种不同的艺术表现手法进行创新表现，比如将有故事的面具设计在衣服、包上等	3	
团队协作（10分）	积极参与调研、讨论、设计、制作、展示、总结等全过程	5	
	总结、回顾自己在全部探究过程中的贡献，并发表活动感言	5	
总分		100	

（五）拓展延伸

这个项目的学习，有助于促进学生对传统文化的了解，提高学生的想象力和创造力。同学们不仅用陶艺的方法制作出了面具，同时还运用各种不同的艺术表现手法进行创新。

六、教学反思

《有故事的面具》课程项目难度相对较大，需要科学、技术、人文、历史等多个学科知识的综合应用。本项目可以培养学生探究、创新和实践的兴趣，以及创新思维、设计思维、实践能力和和协作能力。整个项目的实施考验了学生团队的协作能力。尽管在学生动手之前教师已经讲授了部分的注意事项，但是学生在制作过程中还是会出现各种各样的小问题，小组可以将出现的问题记录在任务单里，作为其他小组的参考或用于自我反思。

STEM-PBL 之创意制作

"检验光合作用释放氧气"演示装置

一、项目背景

"检验光合作用释放氧气"是北师大版初中《生物学》第五章第一节"光合作用"中的一个重要演示实验,是在学生了解光合作用发现史的基础上,利用演示实验帮助学生构建"氧气是光合作用的产物"这一重要概念。

教材中的实验方法是将沉水植物——金鱼藻置于玻璃水槽中,上罩短管漏斗,再用盛满清水的试管套在漏斗上,然后将装置放于阳光充足的环境中接受光照,待收集约1/2管气体后倒转试管,并用带火星的木条检验试管中的气体是否为氧气。

在利用该方法实践的过程中,发现有装置较复杂、准备时间长、装置不便移动等不足。因此,学生想和老师一起改进这一实验,以达到简化实验装置、缩短实验准备时间的目的。

二、项目目标

(1)知道什么是光合作用,在了解光合作用实验的原料、条件、场所和产物的基础上,利用实验检验光合作用的产物——氧气。

(2)在重复教材中实验的基础上,找到一种简单、快速、全大候、可视化的收集、检验氧气的新方法。

（3）体验创意物化的经历，在不断发现问题的基础上定义需求，在寻找最佳解决方案的过程中，体验如何将创意想法具体化，以及物化的复杂性和创造性，培养批判性思维和创造性思维。

（4）学会将数学、物理、化学、生物等学科知识与工程思维融合在一起，通过分析原实验的优缺点、定义需求、创意物化、迭代更新等环节，最终制作出光合作用中检验氧气实验的演示装置，培养 STEM 素养。

三、项目适用年级

初中七、八年级。

四、项目课时规划及教学内容（见表 1）

表 1　项目课时规划及教学内容

课时	教学内容
第 1 课时	认识植物的光合作用，了解光合作用实验的原料、条件、场所和产物
第 2~3 课时	尝试使用教材中的实验检验光合作用释放的氧气，分析实验的优缺点，讨论出改进方案
第 4 课时	尝试用改进后的方法收集、检验氧气，并分析改进后实验的优缺点以及迭代优化的方案
第 5~6 课时	利用相关材料制作"光合作用释放氧气"演示装置
第 7 课时	对比不同光照强度下植物释放氧气的速度

五、项目实施

（一）团队建设

自由组队，四人为一组。

（二）知识储备

通过图书馆、网络等途径了解什么是植物的光合作用，光合作用的原料、条件、场所和产物、影响光合作用的因素等相关知识，做好光合作用的知识储备，如图1。

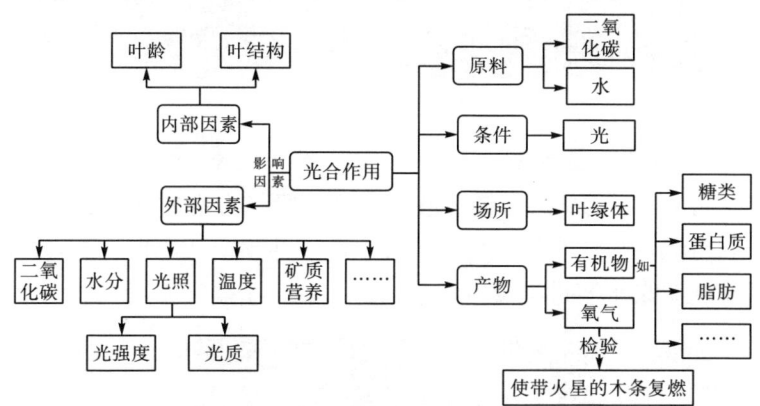

图1 光合作用的知识储备

（三）实施过程

1. 分析问题，定义需求

在重复教材实验的过程中，学生发现要收集足够的氧气需要晴朗的天气、半天的反应时间。另外，检验过程中，老师的手也容易影响学生的观察。如何改进实验以达到尽可能简化实验装置、加快反应速度，以及便于学生观察的目的呢？

2. 改进后的实验原理

挤压装有碳酸氢钠溶液和黑藻的矿泉水瓶，排出矿泉水瓶中原有的空气,然后盖严瓶盖,并将矿泉水瓶放在阳光下收集黑藻光合作用释放的气体。最后,打开瓶盖用带火星的木条检验该气体是否为氧气。

3. 准备材料和用具

需要的材料和用具:矿泉水瓶、黑藻、打火机、竹条、0.3%的碳酸氢钠溶液(如图2)。

图2 材料和用具

4. 制作反应装置

将0.3%的碳酸氢钠溶液和黑藻小段(为增加氧气的释放部位,将黑藻剪成小段)装入矿泉水瓶中并预留30mL的空间,然后挤压矿泉水瓶排尽预留的空气,并盖严瓶盖(如图3)。

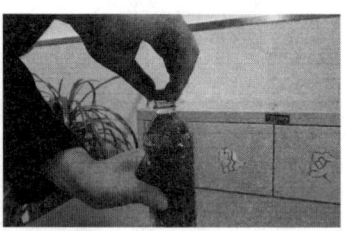

图3 制作反应装置

5. 收集黑藻释放的气体

将反应装置放在阳光能照射到的地方,观察反应装置内黑藻产生氧气的过程(如图4)。

图 4 在阳光下收集氧气

6. 检验黑藻释放的气体

待挤瘪的矿泉水瓶鼓起来后，打开瓶盖用带火星的木条检验该气体是否为氧气（如图 5）。

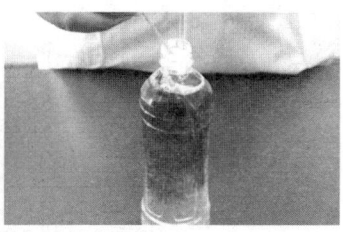

图 5 检验气体

改进后，极大地简化了实验装置，整个装置只有一个矿泉水瓶，而且将黑藻剪成小段后释放氧气的部位更多，大大提高了反应速度，缩短了实验的准备时间。改进后的实验具有操作更简单、现象易观察、安全性更高等优点。

但是，这样的改进仍受天气因素的限制。在温度适宜、有阳光照射的条件下，用这种方法收集氧气的效果较好，但该实验通常是在 11 月份进行，成都属于亚热带季风气候，11 月多为阴雨天气。近三年成都天气情况的统计数据显示，11 月中日照天数仅占 1/3，因此碰上阴雨天收集不到氧气的概率很大；而且课堂教学中，学生只能看到检验氧气的过程，而无法见证氧气的产生过程。

如何才能解决天气不好而无法进行实验的问题？如何让学生在课堂上能实时看到氧气的产生过程？为此，我们准备进行第二次改进。

7. 迭代优化

（1）改进方案。

为了在阴雨天也能顺利收集到光合作用释放的气体，同时见证氧气的产生过程，我们设计出了几套演示装置方案，经过两次聚焦讨论后，最终确定了最优方案——"光合作用释放氧气"演示装置。图6为聚焦最优方案的流程图。

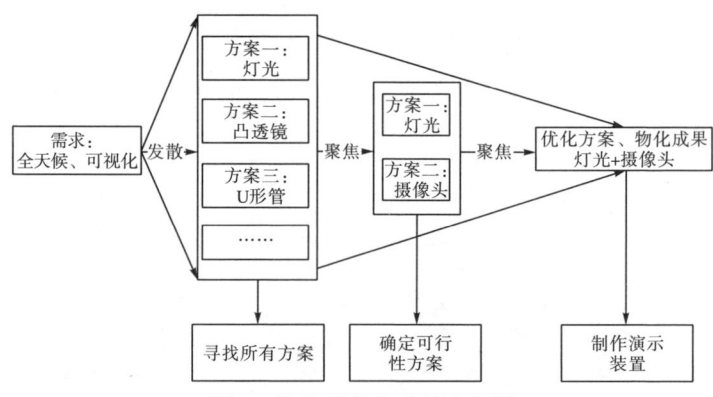

图6 聚焦最优方案的流程图

如图7，该装置的主体结构是一个木箱，在木箱内安装有一个内置摄像头，通过现代信息技术手段实时播放并记录氧气产生的过程。装置两侧各装有一根105W的三基色节能灯管，用于模拟阳光，为了增强反光效果，在装置的两侧及顶面均贴有平面反光镜。在阴雨天无法借助阳光进行光合作用时，只需要将装有黑藻的矿泉水瓶放入装置内，再将摄像头连接上电脑，便可以实时观察矿泉水瓶内氧气释放的过程。

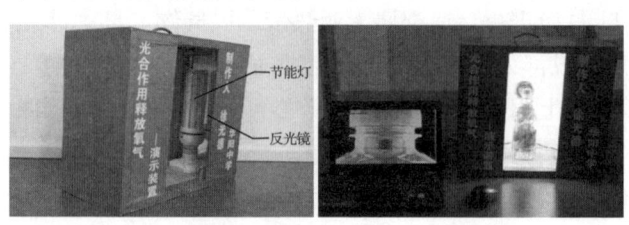

图7 "光合作用释放氧气"演示装置

(2) 效果检测。

为了检测该装置能否取得较好的效果,我们做了如下实验:准备两个相同的矿泉水瓶,编号分别为甲、乙,首先在两个瓶子中注满2%浓度的碳酸氢钠溶液,然后往瓶中各加入长势相同的黑藻20节,将甲瓶放在不同的自然光下,将乙瓶放在上述的演示装置中,利用排水法收集并记录氧气的产生量。经多次重复实验,整理数据后得到图8。

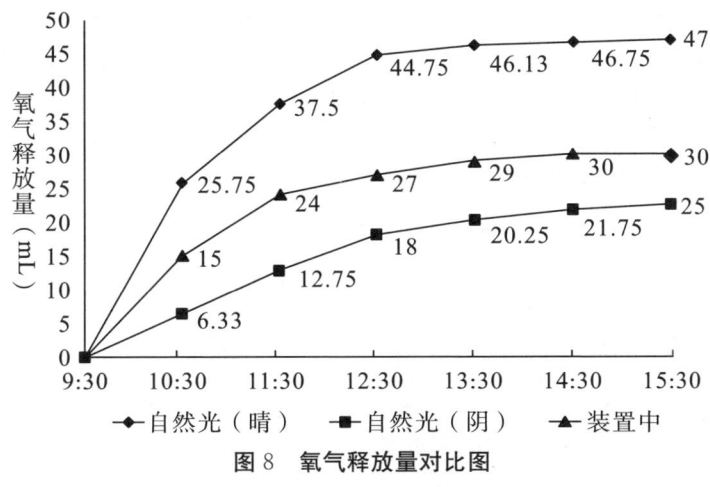

图8 氧气释放量对比图

(温度:25~28℃　　照光时间:9:30—15:30)

(3) 结论及建议。

实验结果表明:相同数量的黑藻,在光照强度很强的晴天,氧气的释放速度比放在该装置中快,但是在阴天,该装置中氧气的释放速度更快。所以,在自然光照条件很好时,利用原装置进行实验即可;当碰上阴雨天气时,利用该装置能更快地收集到足够的氧气,大大缩短了课前的准备时间。

（四）交流评估

1. 成果发布

将实验成果向同学、老师、专家展示，同时通过发表文章、参加创新类比赛等，将成果向外界发布。

2. 评价

利用表 2 评价量表进行自评和他评。

表 2　评价量表

评价项目	评价内容	分值（分）	得分（分）
知识储备 （20 分）	了解光合作用实验的原料、条件、场所和产物	10	
	知道水中增加二氧化碳的方法	5	
	知道氧气的检测方法	5	
聚焦方案 （20 分）	尝试使用教材中的方法收集并检验光合作用释放的氧气	5	
	列举教材中方法的优缺点	5	
	明确改进目标：装置简单、反应速度快，讨论确定改进方案	10	
动手实践 （30 分）	运用改进后的方法收集、检验氧气	8	
	列举改进后方案的优缺点	8	
	明确迭代优化目标：全天候、可视化，制订迭代优化方案	8	
	操作中台面整洁有序，实验后整理实验桌，将各种器材整理复位	6	

续表

评价项目	评价内容	分值（分）	得分（分）
物化成果（20分）	根据迭代优化方案，自选材料物化"光合作用释放氧气"演示装置	5	
	利用自制演示装置收集、检验氧气	5	
	运用改进后的方法，对比不同光照强度（晴天、阴天、雨天）下演示装置中氧气的释放速度	5	
	收集、整理数据，得出相应结论	5	
团队协作（10分）	组内成员分工协作，充分参与设计、讨论、制作、交流等环节	4	
	由小组代表汇报、交流小组成果	3	
	总结自己在全部探究过程中的贡献，并发表活动感言	3	
	总分	100	

（五）拓展延伸

经过两次改进，最终制作出了"光合作用释放氧气"演示装置，该装置借助节能灯管摆脱了天气因素的限制，借助摄像头使实时监控并记录植物产生氧气的过程成为可能。同时，还可以利用该装置研究光照强度对植物释放氧气速度的影响，不同的光谱对植物光合作用的影响等。但是这样的改进还不能解决一组装置多次演示的问题，这是需要继续改进的方向。

六、教学反思

本活动完全契合 STEM 教育的理念——用科学方法解决实际问题，有利于培养学生发现问题、分析问题和解决问题的能力。

能自动加热的杯子

一、项目背景

水是生命之源,为健康保驾护航。我们的身体适合饮用 35~38℃的水,这一温度最接近人体体温,水温过冷或者过热,都容易给口腔、牙齿、胃等带来不良刺激,不利于身体健康。

但是,喝上合适温度的水并不是任何时候都能实现的,尤其是对旅行者、露营者、野外探险者、南极科考人员、执行户外任务的工作人员等。

通过资料检索和调研发现:市面上的加热杯多需要用电加热,在没有电源的情况下,无法加热,如果使用充电电池,则会大大增加杯子的重量,不方便携带。因此,能不能制作出一款不插电源、不用电池,能快速自动加热的杯子呢?

二、项目目标

(1)初步了解原电池原理,知道氧化还原反应会释放热量,了解氧化钙遇水放热的化学反应。

(2)运用工程设计的方法,关注生活、提出质疑、明确需求、分解问题、聚焦方案。确定方案,列出材料清单,核算成本,制作能自动加热的杯子,并养成良好的实验操作习惯。

(3)根据 STEM 的教育理念,综合运用科学、技术、工程、

数学知识,验证、调试产品原型,找出存在的问题,找到新方法、新思路,优化设计方案,提升思维品质。

(4)学习在项目式学习中分工、协作、交流,内化形成批判性思维、发散性思维、聚合性思维习惯。

三、项目适用年级

小学四年级至高中三年级。

四、项目课时规划及教学内容(见表1)

表1 项目课时规划及教学内容

课时	教学内容
第1~2课时	调研各类杯子的情况,找出缺点并质疑,提出问题,画出思维导图,提出需要解决的基于实际的问题
第3~4课时	查阅资料,检索与杯子相关的专利;了解相关知识,提出解决方案
第5~10课时	绘制设计图,列出材料清单,计算制作成本,制作模型
第11~12课时	技术测试,优化模型
第13~14课时	模拟产品,制作产品原型
第15~16课时	重申问题,展示制作过程,用搜集到的证据论述最终产品,答疑,申请专利

五、项目实施

(一)团队建设

四人为一个团队,根据座位远近及个性特点自主组队。教师根据组内异质、组间同质的原则对组员微调。每个小组的组员角色及主要任务如表2。

表2　组员角色及主要任务

角色	主要任务
团队长	统领、督促全组完成项目，演讲汇报，算出总分
科学家	带领全组做出设计方案、验证方案
设计师	带领全组分析需求，画出草图，确定最终工程设计图
工程师	带领全组制作产品原型，测试、优化，写出收获并反思

（二）知识储备

利用"原电池"效应、氧化还原反应释放热量、氧化钙遇水放热等，达到不插电源、不用电池、快速自动加热的目的。关键技术在于自发热袋以及自加热杯杯体的工程设计。

1. 自发热袋的主要成分

其主要成分包括焙烧硅藻土、焦炭粉、活性炭、铁粉、铝粉、生石灰、碳酸钠和盐。

（1）焙烧硅藻土、焦炭粉、活性炭。

焙烧硅藻土、焦炭粉、活性炭均为典型的吸附剂，它们疏松多孔的结构有利于各种有效成分的附着，可充分与水接触并发生化学反应。

（2）碳酸钠和盐。

这两种物质主要用于吸收自发热袋内部的微量水分，防止生石灰逐渐失效，在化学反应中起辅助作用。

（3）铁粉和铝粉。

这两者通过与氧气反应，释放少许热量，与活性炭、水、盐、空气中的氧气形成"原电池"效应；通过氧化还原反应释放热量，实现持续稳定的化学反应。

（4）生石灰

生石灰又名氧化钙，与水反应后释放热能并产生蒸汽，反应后，水变成了白雾，水的温度高达120℃以上，蒸汽温度可达180℃，从而达到自动加热效果。此反应是自发热袋的主要热量来源。

化学方程式：

$$CaO + H_2O = Ca(OH)_2$$

这就是典型的氧化钙遇水放热的化学反应。

2. **自加热杯知识结构（如图1）**

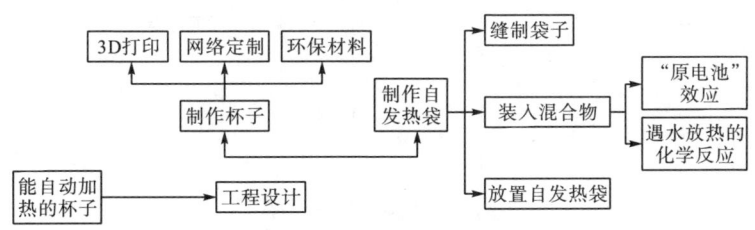

图1　自加热杯知识结构

（三）实施过程

1. **将解决方案可视化**

（1）明确目标。

研发一款不插电源、不用电池就能快速自动加热的杯子。

（2）分解问题。

杯子使用什么材料？杯子采用哪种外观？如何自动加热？

（3）工程设计。

通过收集相关信息以及小组讨论明确具体的设计内容，需要达到的标准和所受限制，绘制设计图，列出材料清单，计算制作成本，制作模型。图2为其中一个小组的初步设计草图，图3是经过小组讨论后确定的最终工程设计图。

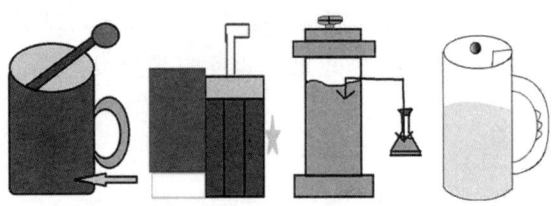

图 2　初步设计草图

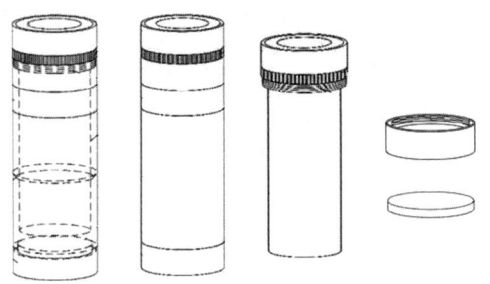

图 3　最终工程设计图

2. 制作产品原型

(1) 材料清单。

带盖大套杯1个，带盖小套杯1个，混合焙烧硅藻土、铁粉、铝粉、焦炭粉、活性炭、盐、生石灰、碳酸钠的混合物，废旧布料，针，线，量杯1个，水温计1支，电子秤1台。

(2) 制作成本。

杯子为环保废旧材料，废旧布料、针、线是从家中拿来的，套杯、量杯、水温计、电子秤是从学校实验室借来的，混合焙烧硅藻土、铁粉、铝粉、焦炭粉、活性炭、盐、生石灰、碳酸钠的混合物是大学实验室友情赞助的，所以制作成本基本为零。

(3) 制作流程。

①制作杯子。

根据工程设计制作相应产品，通过对几套方案的尝试、探

究、比对和分析后发现：

首先，3D打印的杯子尺寸最精确，形状外观最好控制，遗憾的是对技术的要求较高，打印过程耗时较长，一旦尺寸稍有偏差，纠正就需要花费大量时间，故此方案不是理想方案。

其次，网上定制杯子难以实现，只有大批量的定制网上商店才接单，而且成本较高，故此方案也不是理想方案。

最后，发现可以考虑使用废旧材料，例如使用家中废弃不用的带盖子的一大一小两个杯子（购买也仅需几元钱，且各大商场、超市均有售）。以小杯子（内杯）能够放入大杯子（外杯），且两个杯子均能盖上盖子，并在底部留出不小于自发热袋所需的空间为宜。此方案节约成本，便于操作。

②制作自发热袋。

用废旧布料缝制一个小于大套杯（外杯）杯底的圆饼状的袋子，内装混合焙烧硅藻土、铁粉、铝粉、焦炭粉、活性炭、盐、生石灰、碳酸钠的混合物。注意缝制一定要严密。

③放置自发热袋。

将自发热袋置入大套杯（外杯）底部，再放入小套杯（内杯），将小套杯（内杯）盖子盖紧，倒入适量冷水，再将大套杯（外杯）盖子盖紧，离开一定距离观察。

④实验注意事项。

其一，只能加冷水，不能加热水，加热水可能导致还来不及盖上盖子，水就剧烈沸腾了。

其二，实验完成后，揭盖时要小心，以免被蒸汽烫到手。

3. 迭代优化

（1）测试自发热袋。

产品原型制作完成后，用控制变量法测试相应数值，并记录在表3中，以便于发现新方法、新思路。

表 3　实验记录表

实验次数	时间（s）	自发热袋（g）	内杯水量（mL）	实验后水温（℃）
1				
2				
3				

（2）验证、调试、修改。

①空间优化。

将原来底部留出的不小于自发热袋所需的空间，修正为内杯底部与外杯底部形成的空腔的高度应大于自发热袋的高度。

②材料优化。

自发热袋采用混合焙烧硅藻土、铁粉、铝粉、焦炭粉、活性炭、盐、生石灰、碳酸钠的混合物，是由大学实验室提供，现在改为购买配好比例且称好重量的自发热材料，因为这样可以减少称重环节，且自发热袋本身售价较低，节省人力和时间成本。

③密封性优化。

在第一次实验过程中发现，虽然外杯使用的是不漏水装置，但化学反应过程导致了水的溢出（如图5）；在第二次实验过程中虽然使用了保鲜膜以增加密闭性，但效果仍不理想。

经过多次试验，并请教相关专家后，对杯子做了改进，将外杯中上部改成了防水透气结构。专家建议：第一，防水透气材料可使用 PTFE 膜，既能使自发热袋产生的气体顺利透过，又不会造成漏水；第二，在外杯内部加装环状挡片，这样用杯子喝水时，可以防止自发热袋中的水由于倾斜而流到防水透气结构处时造成腐蚀。

图 5　实验过程中出现溢水

④底盖优化。

分层设计，设置螺纹旋转底盖，可以放置备用的自发热袋，便于随时更换。

4. 分析总结

分析实验数据，发现不同重量的自发热袋可以将同量的水加热到不同温度，同一重量的自发热袋可以将不同量的水加热到不同温度，得出结论：一个加热杯可以配比不同克数的自发热袋，使用者可以灵活选择。

（四）交流评估

1. 成果展示

成果展示时，团队所有成员一起登台，介绍作品的设计理念、设计方案、制作过程等，用搜集到的证据论述最终产品，为师生答疑，大胆、清晰地亮出团队观点及结论。

2. 评价

利用表4评价量表进行自评和他评。

表4 评价量表

评价项目	评价内容	分值（分）	得分（分）
知识储备 （20分）	初步了解原电池原理，知道氧化还原反应会释放热量	10	
	了解氧化钙遇水放热的化学反应	10	
聚焦方案 （20分）	明确项目要求：制作不插电源、不用电池，能快速自动加热的杯子	8	
	能够将问题分解为材料、外观、加热等小项目	6	
	基于证据探讨、论证方案，确定最佳方案	6	

续表

评价项目	评价内容	分值（分）	得分（分）
动手实践 （30分）	列出材料清单	5	
	明确制作成本	5	
	制作或配备符合需求的内杯与外杯	5	
	缝制结实严密的自发热袋	10	
	规范操作，实验台面整洁有序，实验后整理实验桌，将各种器材归位	5	
物化成果 （20分）	验证、调试、修改产品原型，找出存在的问题，进行优化（空间、材料密封性、底盖等方面）	10	
	用控制变量法测试产品原型	6	
	收集、整理数据，得出相应结论	4	
团队协作 （10分）	组内成员分工协作，充分参与设计、实践、交流等环节	8	
	积极主动代表团队汇报交流成果	2	
总分		100	

（五）拓展延伸

成果展示后，继续进行头脑风暴，找到后续需要研究的问题，激发继续探究的热情，培养创新思维。比如，通过本案例中的工程设计方法，你还想到了什么？如果继续做下去，你还想做什么？

六、教学反思

本案例在我校的小学四年级至六年级中开展，取得了良好的效果。

（一）优势

（1）本案例从真实问题出发，根据 STEM 理念，综合运用科学、技术、工程、数学知识，解决生活中的实际问题，具有跨学科、整合性、应用性等特点。通过本案例的开展，学生掌握了科学的研究方法，并能应用于实践。

（2）本案例让学生在研发、推进过程中，很自然地提出问题（比如：为什么不用 3D 打印的杯子？为什么不漏水的杯子会在自发热袋发生遇水放热的化学反应后漏水？），继而分析问题、改进方案、解决问题（如果无法彻底解决，不断求助）、迭代优化等，体现了工程设计的思维特点，使学生的创新思维由低级向高级发展，借助 STEM 理念加强了对学生高阶思维能力（高级认知）的培养。

（3）本案例将工程技术与环境、社会发展联系起来，引导学生关注环境和可持续发展，了解电池对环境的污染。

（4）项目学习法对学生保持学习热情，积极探索并解决问题起到了明显的促进作用。

（5）本案例中的材料获取容易，实验过程操作简单，无须专门指导，实验结果可直接得出，成功率较高。问卷星调查结果显示，此课例在学生、家长、学校的好评率为 99.03％，利于案例的推广与普及。

（二）劣势

（1）每一次活动，都应该拍摄照片、录制视频，作为印证材料，为后期研究提供数据。但本次实践没有及时留存资料，复盘过程中，虽然推演了步骤，但对某些细节无法进行思维重现，不便于分析出现问题的最大可能性，对下一次如何处理留下了一些困惑。

（2）在迭代优化环节，测试数据的时候，可以指导学生使用表格等工具,将数据以图表形式呈现出来,以便分析,得出结论。本次实践,仅记录了实验数据,没有进行后续的深入探究,在复盘过程中,回顾、反思之后的提升做得还不够。

智能灯

一、项目背景

环保节能已经成为一个重要的时代课题。在实际生活中，我们发现有时天已经亮了，但路灯或者公共场合的灯却还没关。有没有一种更好的方法，让灯自己能够根据环境及实际需求智能判断何时开关呢？

二、项目目标

（1）理解光线传感器、声音传感器的工作原理。

（2）根据工程设计的特点，关注生活、提出质疑、明确需求、分解问题、聚焦方案；设计方案，列出材料清单，核算成本，使用测控板编程制作智能灯，养成良好的操作习惯。

（3）根据 STEM 的教育理念，综合运用科学、技术、工程、数学知识，验证、调试产品原型，找出存在的问题，找到新方法、新思路，优化设计方案，提升思维品质。

（4）学习如何在项目式学习中分工、协作、交流，内化形成批判性思维、发散性思维、聚合性思维习惯。

三、项目适用年级

小学四至六年级。

四、项目课时规划及教学内容（见表1）

表1　项目课时规划及教学内容

课时	教学内容
第1课时	调研生活中的照明系统，找出缺点并质疑，提出问题，画出思维导图，提出需要解决的基于实际的问题
第2~3课时	查阅资料，学习与光线传感器、声音传感器相关的知识，定义需求；提出解决方案
第4课时	绘制程序流程图、外观设计图，列出材料清单，计算制作成本，制作模型
第5~6课时	技术测试，优化模型
第7~8课时	模拟产品，制作产品
第9~10课时	重申问题，展示工程制作过程，用搜集到的证据论述最终产品，为师生答疑

五、项目实施

（一）团队建设

四人为一个团队，根据座位远近及个性特点自主组队。教师根据组内异质、组间同质原则对组员微调。每个小组内组员的角色及主要任务如表2。

表2　组员角色及主要任务

角色	主要任务
团队长	统领、督促全组完成项目，演讲汇报，算出总分
科学家	带领全组根据量表，写出设计方案、验证方案
工程师	带领全组分析需求，画出流程图并编程测试
设计师	带领全组设计产品，制作外观，写出收获并反思

（二）知识储备

1. 光线传感器

光线传感器能将光强度的变化转换成电信号的变化，并将数值传送给计算机。

2. 声音传感器

声音传感器的作用相当于一个话筒（麦克风），它内置了一个对声音敏感的电容式驻极体话筒。声波使话筒内的驻极体薄膜振动，导致电容的变化，从而产生与之对应变化的微小电压。这一电压随后被转化成 0~5V 的电压，经过 A/D 转换被数据采集器接受，并传送给计算机。简而言之，就是通过把声音的变化转换成电信号的变化来实现控制。

知识结构图谱如图 1。

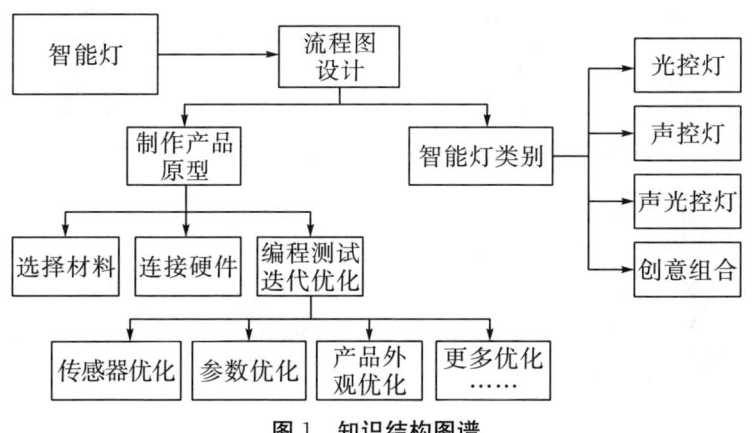

图 1　知识结构图谱

（三）实施过程

1. 将解决方案可视化

（1）明确目标。

制作能根据需求自动判断何时开关的智能灯。

（2）分解问题。

在什么情景下使用？用什么传感器来制作？如何包装产品？

(3) 流程图设计。

分工合作，做好编程准备，根据需求画出流程图（如图2）。

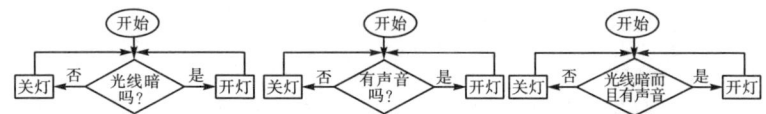

图2　程序流程图

3. 制作产品原型

(1) 材料清单（如图3）。

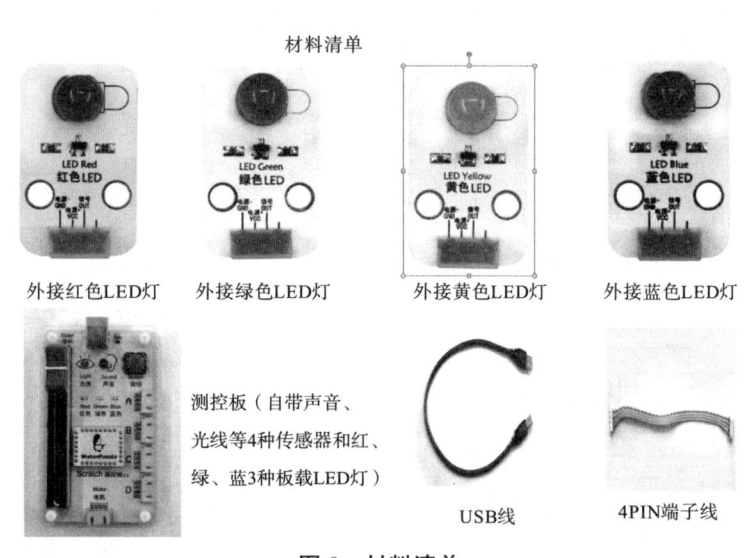

图3　材料清单

(2) 制作成本。

测控板套件（一个测控板，板上自带四种传感器，外加红、绿、黄、蓝四种颜色的外接 LED 灯，一根方形 USB 线，八根 4PIN 端子线），200 元。

(3) 制作流程。

第一,光控灯。
①选择材料。
需要的材料如图4。

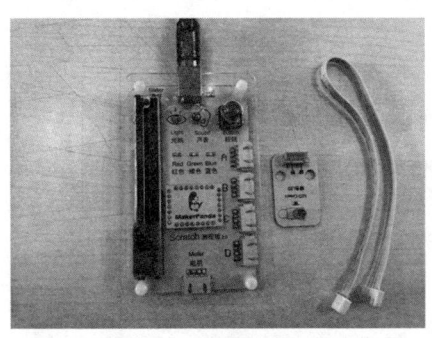

图4 需要的材料

理想状态:在光线充足的情况下,灯自动关闭;在光线不足(较暗)的情况下,灯自动打开。

②连接硬件。

将外接LED灯正确连接到测控板上,再用方形USB连接线连接测控板与电脑,这时测控板上的电源指示灯亮起,表示设备正常,如图5。

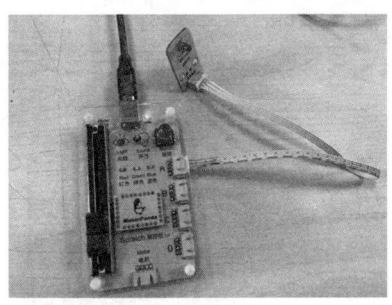

图5 连接硬件

③使用编程软件测试硬件。

在软件中调用硬件,进行编程测试,检测光线传感器的返回数值，确定一个较为合适的参数值（阈值）。

首先，双击桌面快捷方式 MakerPa...，打开软件，在菜单栏单击测控板，选择 Maker Panda 控制板类型。我们选择 Maker Panda 测控板，选择前我们发现 Maker Panda 模块指令为空，选择后 Maker Panda 模块指令出现，但是指令区右侧显示小红点，表示串口尚未连接（如图 6）。

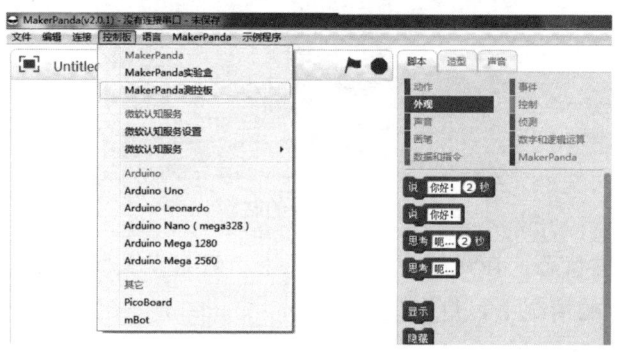

图 6　选择控制板类型

其次，在菜单栏单击"连接"，选择"串口"，一般情况下为最后一个 COM 口（如图 7）。

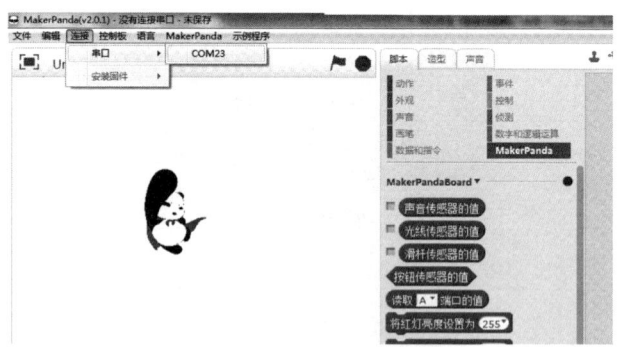

图 7　选择串口

最后，勾选串口，这时指令区右侧显示小绿点，表示串口连接成功。

测试光线传感器数值,观察正常、手电筒照射及用手遮住光线传感器三种情况下,脚本编辑区光线传感器的数值变化,并将结果记录在表 3 中。

表 3　光线传感器测试数值记录表

情况	参数值(阈值)
正常	
手电筒照射	
用手遮住光线传感器	

结论：光线越强,显示的值越_____;光线越弱,显示的值越_____。

根据结论编写完整程序：如果光线传感器测试数值小于某个参数值(当前在计算机实验室测的参数值是 23),灯自动打开,否则灯自动关闭,如图 8。以上过程不断重复执行,进行条件判断。

图 8　光线传感器控制灯的开关

第二,声控灯。

理想状态：在发出声音的情况下(拍手或跺脚等),灯自动打开,持续一段时间后,灯自动关闭。在没有声音的情况下,灯保持关闭状态。

测试声音传感器数值,观察不说话、正常说话及大声说话三种情况下,脚本编辑区声音传感器的数值变化,并将结果记录在表4中。

表4 声音传感器测试数值记录表

情况	参数值(阈值)
不说话	
正常说话	
大声说话	

结论:声音越大,显示的值越_____;声音越小,显示的值越_____。

思考:即使不说话,我们周围的环境是绝对安静的吗?为什么?

根据结论编写完整程序:如果声音传感器测试数值大于某个参数值(当前在计算机实验室测的参数值是62),灯自动打开,否则灯关闭,如图9。以上过程不断重复执行,进行条件判断。

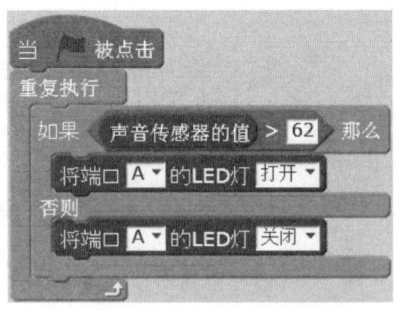

图9 声音传感器控制灯的开关

你发现什么问题了吗?

想要灯亮一段时间,必须持续发出较大声音,这很麻烦,而且会打扰他人。有什么好的解决办法吗？

3. **迭代优化**

（1）测试评估。

制作产品原型后，用控制变量法测试相应数值，并将数值和灯的状态记录在表5中。

表5　测试所得数值及智能灯的状态

测试次数	声音传感器数值	光线传感器数值	智能灯的状态（开、关）
第1次			
第2次			
第3次			
……			

测试程序发现：光控灯在较黑的光线下会一直亮着，即使无人使用，也比较浪费资源；声控灯在拍手或跺脚等发出较大声音后，在白天或有充足光线的环境中，依然会自动亮起来，有没有办法将两种传感器结合起来使用呢？

（2）传感器优化。

该如何编写程序呢？

如果光线传感器测试数值小于某个参数值，并且声音传感器测试数值大于某个测试过的参数值，那么灯亮；否则灯灭，如图10。以上过程不断重复执行，进行条件判断。

思考：以上程序能否再优化？还有没有别的解决办法？

（3）参数优化。

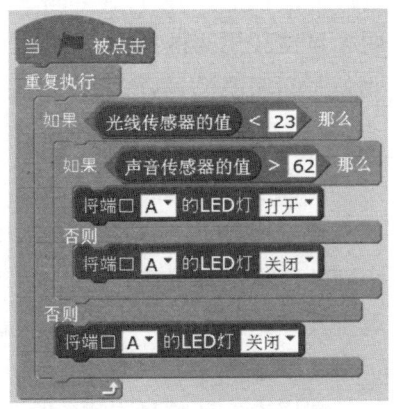

图10　光线传感器与声音传感器同时控制

光线传感器的参考值可以根据实际测试情况进行调整。在计算机实验室，经过多次实验，确定调为 17 比较合适，否则在光线比较亮的情况下，灯也会自动打开。

声音传感器的参考值也可以根据测试情况调整。在计算机实验室，经过多次实验，确定调为 86 比较合适，不然声音稍微大一点，灯就亮起来了。

图 11　智能灯艺术作品

（4）产品外观优化。

可以利用 A4 纸、废旧纸盒、水彩笔创作智能灯艺术作品。

4. 分析总结

分析实验数据可得出结论：在不同环境下，找到合适的参数值（阈值）是非常关键的。光控灯可以用在街道、路边、小区等对安全要求较高的场所，缺点是不够节能环保，浪费了部分电力资源；声控灯适用于卫生间、储物间、地下室等不需要长期照明，且比较黑暗的地方；另外，声光控灯也适用于几乎所有不需要长时间照明的场合。

（四）交流评估

1. **成果展示**

展示成果，分享交流，重申问题，展示工程制作过程，用搜集到的证据论述最终产品，为师生答疑，大胆、清晰地亮出团队观点及结论。

2. **评价**

利用表 6 评价量表进行自评和他评。

表6 评价量表

评价项目	评价内容	分值（分）	得分（分）
知识储备（20分）	理解光线传感器的工作原理	10	
	理解声音传感器的工作原理	10	
聚焦方案（20分）	明确整个项目要达到的目标：制作能根据需求自动判断何时开关的智能灯	8	
	能够将问题分解为使用情景、选择传感器、包装等小项目	6	
	基于程序流程图探讨、论证，确定最佳解决方案	6	
动手实践（30分）	列出材料清单	5	
	明确制作成本	5	
	选择合适的材料	5	
	正确连接硬件	5	
	编程测试	5	
	实践中规范操作，保证实验台面整洁有序，实验后整理实验桌，将各种器材归位	5	
物化成果（20分）	验证、调试、修改产品原型，找出存在的问题，并进行优化（传感器、参数、产品外观等）	5	
	用控制变量法测试产品原型	6	
	收集、整理数据，得出相应结论	4	
团队协作（10分）	组内成员分工协作，充分参与设计、实践、交流等环节	8	
	积极主动代表团队汇报交流成果	2	
总分		100	

（五）拓展延伸

成果展示后，继续进行头脑风暴，找到后续需要研究的问题，激发继续探究的热情，培养创新思维。比如：通过本项目中的工程设计方法，你还想到了什么？如果继续做下去，你还想选用哪些传感器？

六、教学反思

（一）优势

（1）该案例常年在我校的小学四至六年级中开展，该活动在培养学生工程素养的同时，还培养了他们的创新意识和创新精神。

（2）该案例在学生学习完测控板板载按钮和滑杆这类实物的、具象的传感器基础上，继续让其学习非实体、抽象的光线、声音传感器，让学生在有基本认识后，将认识迁移到类似的原理上，达到触类旁通、举一反三的效果。

（3）该案例中使用的材料获得容易，实验操作简单，无须上传下载，可以直接测试，成功率较高，作品个性化十足，学生在艺术与创新方面都得到了充分发展。问卷星网络调查结果显示，在学生、家长、学校中该案例的好评率为87%。

（二）劣势

（1）在该案例的硬件搭建环节，建议给出可参考的文本、PPT、微视频或相应网站，便于学生查阅，减少询问时间。

（2）在迭代优化环节，测试数据时，可以指导学生使用表格等工具，将数据以图表形式呈现出来，以便分析、评价，得出结论。本次实践的后期跟进做得不到位，可以在改造家居及社会照明系统方面继续研究。

微生物作画

一、项目背景

生物圈中大多数微生物担任着清理动植物遗体、粪便的分解者角色，是生态系统的重要组成成分，可以和人类和谐共处。即便是一些对人类有害的微生物，也常需要在一定条件下才能生存，只要能全面了解它们的结构特点、生长习性，就能采取有效的措施来预防。虽然微生物大多个体微小，肉眼不可见，但通过培养得到的一群微生物形成的菌落或菌斑却清晰可见。那么如何培养微生物？能不能让微生物的菌落形成一定的图案呢？

二、项目目标

（1）通过分离、培养多种生活中常见的微生物，了解其生长、繁殖特性，提高接种培养的技术手段，近距离接触、感知微生物，在感性认识的基础上逐步形成科学、正确的理性认识。

（2）在作品制作和完善中经历不断提出问题、分析问题、解决问题的过程，不断学习调查、观察、分析、推理等跨学科的研究方法和手段，提升动手实践、科学思维、团队协作等方面的能力。

（3）通过结合艺术创作形成作品的过程，提升艺术审美力，增强现实成就感，体会学习的乐趣，激发进一步学习、探索及创造的热情。

(4) 区别于传统的分科学习，基于真实情景开展活动，需要综合运用生物、物理、化学、技术、工程、数学、美术等多学科知识与技能，在解决具有不确定性的复杂问题的过程中，需要不断推理、修改设计、验证、复盘，有利于培养自我批判性思维和创造性思维。

三、项目适用年级

初中七、八年级。

四、项目课时规划及教学内容（见表1）

表1 项目课时规划及教学内容

课时规划	教学内容
第1课时	制作LB固体培养基，寻找生活中的微生物
第2~3课时	分离目标微生物并扩大培养
第4课时	设计作品底稿，并绘制于培养基上，进行恒温培养
第5课时	修改初稿，二次创作，优化作品

五、项目实施

（一）团队建设

自由组队，三人为一组。组员既要分工明确，又要团结协作，每个组员都要全程参与项目实施，共同完成作品。组员的角色及主要任务如表2。

表2 组员角色及主要任务

角色	主要任务
组长	组织组员共同讨论完成方案的撰写，协调项目的具体实施

续表

角色	主要任务
秘书	负责各阶段资料的收集、分类整理及汇总,包括文字、图片、视频等
司物	负责材料和设备管理,以及计算用量等

(二)知识储备

微生物是个体微小、结构简单的生物。绝大多数微生物个体肉眼不可见,需要借助显微镜才能看见。单个或少数微生物个体在固体培养基上大量繁殖时,就会形成一个肉眼可见的,具有一定形态结构的子细胞群体,叫作菌落。各种微生物在一定培养条件下形成的菌落具有一定的特征,菌落的大小、形状、光泽、颜色、硬度、透明程度等各不相同。该项目就是在对菌落的形成、生长特性研究的基础上,以菌落为画笔颜料,通过让目标菌落在规定的位置生长来进行艺术创作,最终在培养基平板上呈现出想要的图案。

除上述基础科学知识之外,学生还需要通过书籍、网络等途径查阅相关资料,了解微生物的科学分离、纯化、培养方法,学习并严格进行无菌操作,以保证项目安全、顺利完成。完整的知识储备地图见图1。

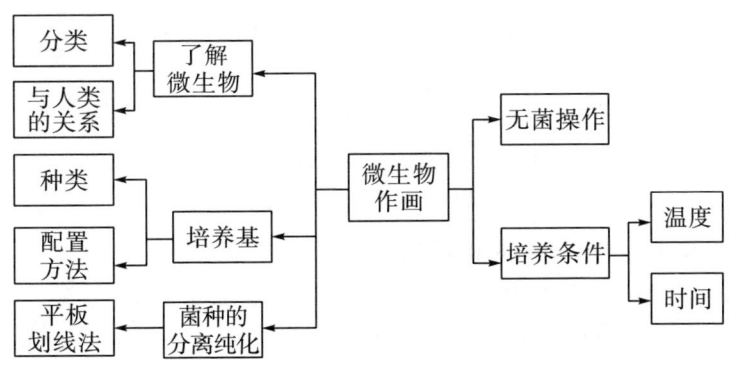

图1 知识储备地图

（三）实施过程

1. 制作方案书

（1）培养基的选择。

由于培养基种类很多，因此需要确定使用哪种培养基。通过资料查询与简单的预实验对比发现，微生物菌落在固体培养基表面才能成形。LB 固体培养基本身颜色较浅，适宜大多数细菌、部分真菌的生长。因此，本项目采用 LB 固体培养基。

（2）微生物的来源。

微生物的来源很丰富，空气、土壤、水体等中都存在大量的微生物，但是经预实验发现，从土壤和水体中分离出来的微生物容易在培养基上成片混合生长，但需要复杂的纯化过程；空气中的微生物相对分散，并且以腐生性细菌、真菌为主。

经过方案聚焦（思路如图 2），确定最优方案：用 LB 固体培养基分离培养空气中的微生物，找到不同颜色的菌种，再以各种接种工具（如接种环、棉签、牙签等）为画笔在培养基上作画，制作科学与艺术相结合的绘画作品。

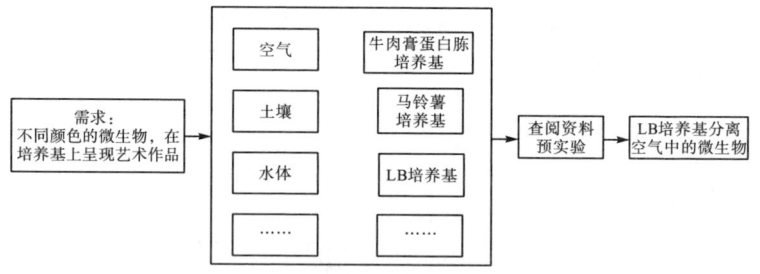

图 2　方案聚焦思路图

2. LB 固体培养基的配制

LB 固体培养基配方：1000mL 水，10g 胰蛋白胨，10g NaCl，5g 酵母提取物，15g 琼脂粉。配制成的溶液 pH 值应在 7.0。

(1) 材料和用具（如图3）。

材料：琼脂粉，氯化钠，胰蛋白胨，酵母提取物。

用具：电子天平或托盘天平，电磁炉或电炉，酒精灯，火柴，称量纸，锥形瓶，量筒，烧杯，药匙，玻璃棒，培养皿。

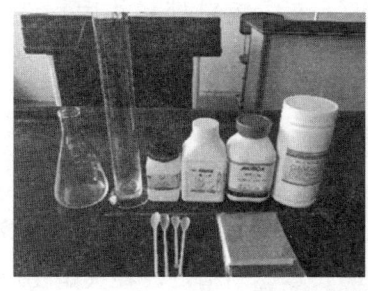

图3　配制培养基所需的材料和用具

(2) 方法步骤。

①准备培养皿。

每组大约准备11套培养皿，其中3套用于收集微生物，5套用于分离不同颜色的菌种，3套用于作画。也可根据实验室的实际情况做调整。

取相应数量的培养皿，清洗干净后，将皿盖和底盘分开，分别倒置放入烘箱中，温度设为120℃，烘干并灭菌20分钟左右。烘干结束后，待其冷却到不烫手时取出，并迅速组合皿盖和底盘，备用。

②称量药品。

按配方量称取各种材料，并放入锥形瓶中。

③加热溶解。

在锥形瓶中加入少于所需的水量，然后放在石棉网上，用电磁炉或电炉加热，并用玻璃棒不断搅拌，以防琼脂粉糊底或溢出，待煮沸5分钟后补足水分，再次加热至煮沸，煮5分钟。然后加棉塞放置于垫有毛巾的桌上，让其自然冷却（如图4）。

④灭菌。

用三角瓶分装配置好的培养基，培养基不能超过三角瓶最大容积的二分之一，用棉塞塞紧瓶口，再用牛皮纸或报纸包住瓶口处，并用棉线捆扎。然后放入高压蒸汽灭菌锅中，121℃灭菌20分钟。

⑤倒平板。

从高压蒸汽灭菌锅中拿出培养基，让其自然冷却到50℃左右（不烫手为宜）。点燃酒精灯，在火焰10厘米范围内，一手握锥形瓶，一手持培养皿（半开盖），将溶解状态的培养基倒至培养皿中，以铺满皿底为限，盖上皿盖，平放桌上待其充分凝固，备用。

图4　培养基的加热溶解

⑥无菌检查。

将制备好的培养基放入37℃恒温箱中培养24~48小时，若无菌生长即可使用。

3. 分离菌种

取若干培养基，开盖置于实验室各区域，收集空气中的微生物，每隔20小时观察一次。将培养基上出现的菌落（如图5），按不同颜色用划线法分别接种到备用培养基上，放入恒温培养箱中培养20小时后，取出放置于4℃的环境中保存。

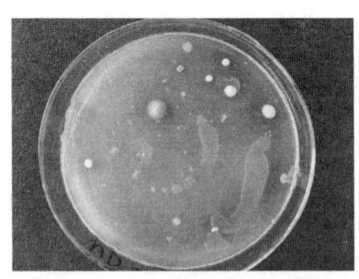

图5　用空气中的微生物培养的菌落

4. 设计

先在白纸上以培养基底盘为模具，描出作品设计区域，在此区域进行作品模板的设计与绘制。微生物的生长繁殖存在一定的不可控性，因此，初期作品设计时，建议尽量用简单清晰的线条来进行创作。

5. 作画

（1）材料与用具：恒温培养箱，LB 固体培养基，酒精，牙签，棉签，接种环，棉花，烧杯，口罩，手套。

（2）实验前先戴上手套和口罩。用棉花蘸取酒精擦拭桌面需要操作的范围，用过的酒精棉要放到专门装废弃物的烧杯（废液缸）内。

（3）将设计模板置于培养基底部并使边缘对齐，点燃酒精灯，尽量靠近酒精灯火焰无菌范围（以火焰为圆心，直径 10 厘米左右的范围）操作，使用画笔（牙签、棉签、接种环）蘸取不同颜色的菌落在培养基上作画（注意：蘸取不同颜色的菌落时需要更换画笔，用过的画笔要放到废液缸中）。为了避免污染杂菌，使用作为颜料的培养基时，要尽量小角度打开，取用后应及时加盖；作为画布的空白培养基以 45 度角开盖操作。

（4）完成作品后，盖上盖子，用记号笔标记（建议用作品名称的缩写）。将作品倒置放入恒温培养箱，30℃恒温培养，每隔 20 小时观察一次并拍照及记录。

（5）收拾实验桌，清洗物品并归位摆放。

6. 实验安全注意事项

（1）进入实验室后须遵守秩序，不必要的物品不得带入实验室。实验室内禁止饮食，书籍和文具等应放在指定的非操作区，以免受到污染。

（2）无菌操作时，注意与酒精灯的距离，以防引燃衣物、头发等。

(3) 用过的废弃物须集中存放，禁止随意放于桌上、冲入水槽或扔至垃圾箱，废弃物（包括作品中的培养基）应由教师按照相关要求，统一处理。

(4) 实验过程中发生差错或意外事故时，应立即报告老师，在老师指导下进行正确的处理。例如，有活菌污染桌面、地面时，应立即用75％的酒精反复擦拭污染部位；手被活菌污染时，使用75％的酒精擦拭消毒后，再用自来水反复冲洗干净。

(5) 实验后，请务必洗净双手。

7. 迭代优化

(1) 原作品的优化。

由于作为颜料的微生物本身的生长变化性，即便学生对着创作好的底稿认真仔细地描，最后呈现出来的作品也会与设计稿有很大差异，因此只有在多次重复实验后，才能大概弄清楚所用微生物的生长趋势，从而不断调整自己的绘画手法、力度等，以使结果不断接近自己的预期效果。

(2) 作品再创造。

经历作品创作的全过程，熟悉了分离纯化得到的微生物的生长、繁殖特性后，可以再创作更复杂的绘画底稿，提高美观度，增加创意性。

（四）交流评估

1. 成果发布

小组将自己的作品通过不同形式进行展示，并讲述项目实施过程中的体验。还可以通过照片展示作品的渐变过程：

①作品培养基完成但未经培养时，在培养基表面几乎看不到微生物的形态，只能隐约看到线条勾画出的部分痕迹，如图6。

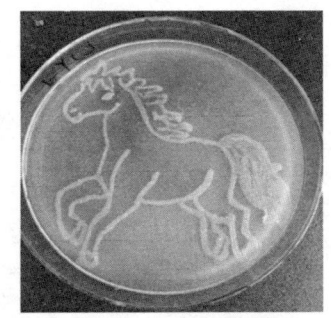

图 6　未经培养的作品　　图 7　培养了 20 个小时的作品

②作品培养基在 30℃恒温培养了 20 个小时后，发现用微生物勾画的线条处均长出了可见菌落，但颜色偏淡，如图 7。

③作品培养基在 30℃恒温培养了 40 个小时后，发现相比上一次的观察结果，线条更清晰，颜色变深，接近预期效果，如图 8。

④作品培养基在 30℃恒温培养了 60 个小时后，发现线条颜色进一步变深，同时菌落开始明显偏离线条离散生长，图形开始变形，如图 9。

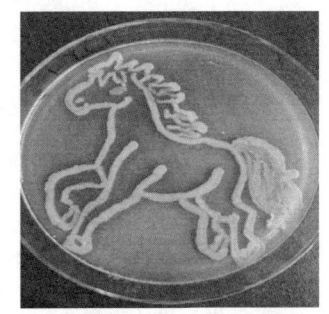

图 8　培养了 40 个小时的作品　　图 9　培养了 60 个小时的作品

对上述结果分析后可知，用普通颜料作画时，落笔即为最终结果；用微生物作画时，需要培养微生物一段时间后才能看到结果，并且画作还会随着微生物的持续生长而不断变化。

2. 评价

利用表 3 评价量表进行自评和他评。

表 3　评价量表

评价项目	评价内容	分值（分）	得分（分）
知识储备 （20分）	了解微生物的生长、繁殖特性	10	
	知道微生物培养的基本方法，包括培养基的配制方法和适宜的菌种等	10	
聚焦方案 （20分）	明确项目要求：用微生物为颜料，以培养基为画布，以接种环、棉签、牙签等接种工具为画笔进行绘画创作	8	
	根据创作要求选择培养基	6	
	考虑安全性、易得程度等因素来选择菌种来源	6	
动手实践 （30分）	列出实验材料清单	5	
	配置培养基	5	
	设计底稿	5	
	无菌操作规范	10	
	实验过程认真谨慎，严格遵守实验室安全规范，实验后整理、清洁实验桌，将各种器材归位	5	
物化成果 （20分）	持续观察作品中微生物的生长及菌落生长情况，记录、交流、讨论、优化（接种菌量、手法轻重等）	10	
	修改初稿，二次创作，并展示交流	10	

续表

评价项目	评价内容	分值（分）	得分（分）
团队协作 （10分）	组内成员分工协作，充分参与资料查阅、方案设计、实验、讨论、交流等环节	8	
	积极主动代表团队汇报交流成果	2	
总分		100	

（五）拓展延伸

（1）从土壤、水体中分离出颜色更丰富的微生物作为绘画颜料，挑战创造彩色的作品。

（2）可用于培养微生物的培养基还有很多种，可以再尝试在其他类型的培养基上作画，对比效果。

六、教学反思

本项目的成功实施，使学生近距离接触了生活中部分常见的微生物，在遵循其生长规律的前提下进行实验，较好地实现了理论知识与实践的结合。实施过程还涉及数学计算，物理、化学原理应用，并融入美术创作，使学生充分体验通过多学科知识融合达成项目目标的成功与喜悦。另外，学生通过独立思考和团队合作不断发现并动手解决问题，优化作品，在有效提升学生工程素养的同时，也在一定程度上培养了学生的认知能力、合作能力和创新能力。

在项目实施过程中也遇到了一些问题，主要有以下两方面。

（一）污染杂菌

微生物实验中最容易出现的问题就是污染杂菌，多数杂菌生长繁殖速度极快，培养基一旦被杂菌污染，整个作品就基本报废了。控制杂菌的两个关键点就是所有实验材料的彻底灭菌和接种过程中的无菌操作。常用的灭菌方法是用高压蒸汽灭菌锅在121℃灭菌20分钟，但因其操作复杂，且具有一定的危险性，因此可以由老师统一灭菌。由于没有超净工作台，为安全起见，在作画环节需要老师指导学生在酒精灯火焰旁操作。

（二）两种错误观念

学生在开始接触此项目时，可能产生两种错误观念：一种觉得微生物都是有害的，表现为实验中畏首畏尾，不敢动手尝试；另一种则基本忽视微生物的可能性危害，表现为实验中粗心大意，不注意安全规范，如将接种过的棉签随意放在桌面上或其他地方，造成污染。虽然此项目为创意制作，但是具体内容涉及微生物相关专业知识，需要严谨的科学实验，必须注重全过程的安全性和严谨性。因此在项目开始前，教师要给学生做好这方面的教育，并在项目实施过程中适时再强调，以保证项目的安全、顺利完成。

水火箭

一、项目背景

现代火箭诞生自罗伯特·戈达德将超音速的喷嘴装上液态燃料火箭引擎燃烧室。这种喷嘴将燃烧室中的热气体转成较冷的超音速喷射气体,极大增强了推进力,提高了效率。在此之前,早期的火箭因为热能随气体排放被浪费了,效率低下。

火箭推进理论是航天科学的基础理论之一。火箭发动机是一种推进工具,它能提供强大动力,使航天器达到所需要的宇宙速度。它是基于直接反作用运动原理工作的。

二、项目目标

(1) 了解火箭的发展历程、火箭的结构和发射原理。

(2) 体验利用胶带等生活中的常用物品制作和调试水火箭,学会给水火箭加注"燃料"并正确发射,制作出符合力学原理、造型美观的个性化水火箭。

(3) 探究水火箭发射距离与水的质量、气压大小、发射角度的关系。

(4) 在探究中体会学习的乐趣,发展动手实践能力和自我决策能力,激发进一步探索与学习的热情。

三、项目适用年级

小学高年级至高中。

四、项目课时规划及教学内容（见表1）

表1　项目课时规划及教学内容

课时	教学内容
第1课时	查阅资料了解火箭的发展历程、火箭发射原理
第2~3课时	设计制作水火箭、放飞水火箭
第4课时	展示、交流、改进

五、项目实施

（一）团队建设

两人一组，学生根据自己的特长和兴趣组队，老师微调。每组选一个学生任组长，根据学生的不同特点做好分工，建立小组合作探究的制度。

（二）知识储备

要制作水火箭，首先需要了解火箭的发展历史、火箭的结构、火箭的发射原理、火箭目前的研究现状以及正在探究的问题。因为相关的知识点较多，建议组员分工查阅相关资料，用思维导图的形式做记录（如图1），便于分析比较。

火箭是利用反冲运动飞上天的。火箭的基本组成部分有推进系统、箭体结构和有效载荷。火箭发动机点火以后，推进剂在发动机的燃烧室里燃烧，产生大量高压燃气，高压燃气从发动机喷管高速喷出，对火箭产生反作用力，使得火箭沿燃气喷射的反方向前进。

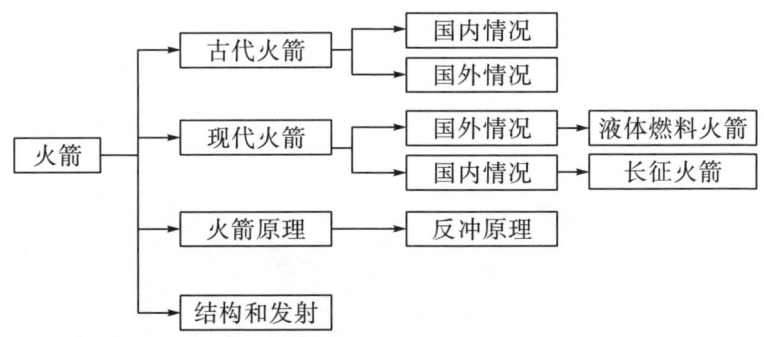

图1　火箭知识结构

水火箭又称气压式喷水火箭、水推进火箭，通常由废弃的饮料瓶制作的动力舱、箭体、箭头和尾翼组成。先往动力舱中灌入一定体积的水，然后用打气筒充入空气，达到一定的压力后即可发射水火箭。

（三）实施过程

1. 小组讨论设计制作方案

了解多种水火箭的制作方法，结合小组成员的个体优势，讨论确定本组的制作方案，比如：用什么作动力舱，尾翼裁剪成什么形状，用什么将动力舱、箭体、箭头组装起来，尾翼贴在什么位置等。

2. 水火箭的制作（举例）

（1）材料。

水火箭发射塔、喷嘴、尾翼、空饮料瓶2个（百事可乐、可口可乐、七喜等均可）。

（2）工具。

剪刀、胶带、水彩笔（用于涂色）。

（3）制作过程。

①取一个空饮料瓶，沿黑线将瓶底用剪刀切开。用剪刀慢慢修剪画线处，尽量使其平整，作为火箭头（如图2）。

②另取一空饮料瓶，作为压力槽。将火箭头与压力槽的底部相连接（如图3），然后置于平整的桌面上或地面上滚动，看看是否连接平整，滚动情况是否平顺。若平顺，则以防水胶带加以固定（如图4）。

 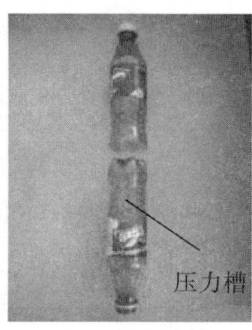 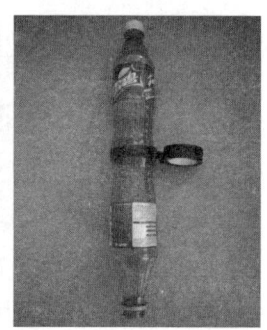

图2　剪掉瓶底　　　图3　安装压力槽　　　图4　防水胶带固定

③确定水火箭名称，设计 Logo，并用水彩笔写在尾翼上，涂上自己喜欢的颜色，以达到美化的效果（如图5）。

图5　美化尾翼

④将尾翼沿着瓶子的轴线分别粘在瓶身上，并用胶带在上下两处固定（如图6、图7）。注意检查尾翼是否平均分布于瓶身。

STEM-PBL 之创意制作

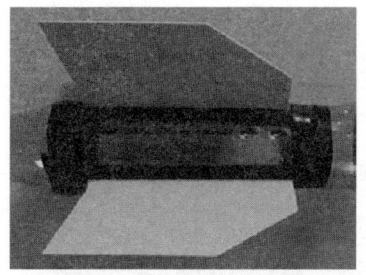

图6　粘贴尾翼（1）

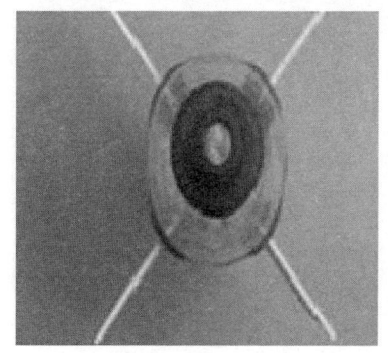

图7　粘贴尾翼（2）

⑤将喷嘴直接安装在瓶嘴上，用力旋紧（以免造成漏气）（如图8）。

⑥在压力槽中装入适量的水（最佳水量约为火箭容气空间的1/4到2/5），将火箭在发射台上放好（如图9）。

⑦调整火箭发射角度（发射的最佳角度为50°～55°）（如图10）。

⑧将打气筒与气嘴相连接（如图11），用打气筒给火箭加气，注意观察压力表的示数（气压不可超过0.8MPa）。

图 8　安装喷嘴　　　　图 9　将火箭在发射台上放好

 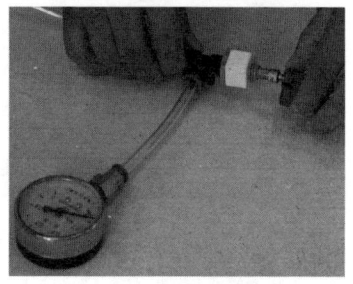

图 10　调整发射角度　　图 11　连接打气筒

3. 水火箭放飞测试

（1）测试方法。

老师给出可能影响发射距离的因素（气压、装水量、发射角度等），引导学生记录好数据。

利用控制变量法，多次放飞水火箭，记录装水量、发射角度、气压不同时的飞行距离，找到规律，争取取得最好的发射成绩（如图13）。

图 13　放飞测试

（2）测试数据分析。

思考：水火箭的飞行距离与什么因素有关？

将不同小组的三次飞行成绩记录在表 2 中，对记录的数据进行定量和定性分析，分析装水量、发射角度和气压对水火箭发射距离的影响，找出成功和失败的原因。

表 2　成绩统计表

组别	成绩 1	成绩 2	成绩 3	名次

4. **迭代优化**

（1）根据第一次制作和发射的实际情况，收集相关数据，分析、总结，利用课余时间对作品进行改进。

（2）再次比赛，评比出发射最远的水火箭。

（四）交流评估

1. **成果分享**

分组制作 PPT 或海报与同学们分享、交流，虚心听取他人意见，对自己在活动中的表现进行反思。

2. **评价量表**

利用表 3 的评价量表进行自评和互评。

表3 评价量表

评价项目	评价内容	分值（分）	得分（分）
知识储备 （20分）	了解火箭的发展历程，古代中外火箭的不同	6	
	了解现代火箭的发展方向及前景	6	
	知道火箭的发射原理	8	
聚焦方案 （20分）	列出水火箭的一般结构，知道各部分结构的力学原理和制作的常用材料，选择一种作为设计参考	6	
	讨论安装尾翼、控制火箭头大小及调整结构使水火箭飞行更远的方法，美化水火箭的方案	8	
	根据方案的可行性和材料的成本，确定最佳方案	6	
动手实践 （30分）	按照方案设计制作出水火箭的初步模型	6	
	探究火箭发射距离与装水量、气压、发射角度的关系	10	
	改进水火箭	8	
	实践操作中安全有序，数据收集正确、可信度高，实验完成后器材收拾完好	6	
物化成果 （20分）	小组合作完成水火箭作品，利用发射架成功发射水火箭	10	
	利用两种以上形式展示、清晰表达探究的过程，遇到的问题及解决的路径与方法	5	
	分析不同外观、不同发射角度、不同气压下水火箭的发射距离，并得出结论	5	

续表

评价项目	评价内容	分值（分）	得分（分）
团队协作 （10分）	组内成员分工协作，充分参与设计、实践、交流等环节	8	
	总结自己在整个探究过程的贡献、心得，并交流分享	2	
总分		100	

（五）拓展延伸

（1）结合发射经验，改进水火箭，使水火箭发射得更远。

（2）多级水火箭的制作。

（3）垂直发射水火箭的回收探究等。

六、教学反思

本案例选题来自生活，从设计、制作到放飞都由学生亲自操作，在创意物化、效果监测的过程中容易引起学生的共鸣，因此案例开展效果较好。在水火箭的制作、放飞过程中，为争取更好的成绩，小组成员不停地发现问题、解决问题，不断优化方案；在讨论中，学生的思维得到碰撞；在解决问题、作品展示过程中，学生收获了成功的喜悦。

本案例将物理学中的压力、作用力与反作用力、射程等知识连结起来解决实际问题，是STEM教育理念在学科拓展中的应用，有利于促进学生对物理知识的深度理解。

自制照相机

一、项目背景

照相机是现代科学技术的产物，随着社会的高度发展，照相机已经和人们的日常生活密不可分。初中八年级学生学习了《科学探究：凸透镜成像规律》等光学知识后，对照相机的成像原理有了初步认识。这部分知识的学习对学生的能力层次要求较高，仅靠课堂上有限的学习时间，学生很难真正理解和掌握。由于照相机在生活中应用普遍，学生对动手自制照相机有着很高的积极性。通过在"做中学"，学生可以更好地理解与掌握知识，并能在活动中体验工程设计的一般过程，学会综合运用跨学科知识分析和解决问题，有利于提升学生的创新意识和创新能力。

二、项目目标

（1）通过活动，了解照相机的结构；理解掌握小孔成像、凸透镜成像的原理、规律；掌握一些工程制作的基本技术。

（2）经历工程设计的一般过程：明确需求—设计方案—制作模型—测试优化。学习工程设计的一般方法。

（3）以小组合作的方式，协同设计、协同制作、协同测试、协同修改、完善作品，在团体中分享成果，从而获得成就感，培养团队合作意识与能力。

（4）通过运用物理、数学、美术、工程等学科知识自制照相机，培养跨学科学习的思维方法与能力。另外，知识储备、寻找材料等过程需要学会利用网络资源、学校资源、社区资源等，有助于对整合资源能力的培养。

三、项目适用年级

初中八年级。

四、项目课时规划及教学内容（见表1）

表1　项目课时规划及教学内容

课时	教学内容
第1课时	确定目标，回顾知识，查阅资料，设计方案，准备材料
第2课时	依据设计方案，初步制作成型
第3课时	检验成像效果，分析、验证、改进
第4课时	分享交流，展示成品，讲述得失，提出新问题

五、项目实施

（一）团队建设

建议三人为一组，选择一名组长统筹安排任务，每个组员的主要任务如表2。

表2　组员的主要任务

组员	主要任务
成员一（组长）	整体规划＋协调监察
成员二	创意设想＋活动执行
成员三	流程记录＋总结分享

（二）知识储备

回顾已经学习过的小孔成像、凸透镜成像的知识，了解照相机成像的基本原理。

1. 小孔成像原理

光具有直线传播的特点。成像特点：倒立的实像。

2. 凸透镜成像原理

物距大于凸透镜的两倍焦距时，成倒立缩小的实像。

另外，通过网上查询的方式，了解照相机基本的结构、如何自制照相机等知识，做好知识储备，如图1。

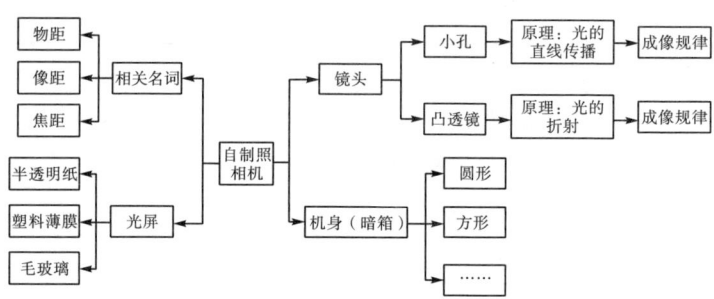

图1　知识储备结构图

（三）实施过程

1. 方案设计

（1）明确目标。

利用生活中常见的材料，制作一个可以成像的照相机。

（2）分解问题。

成像原理的解释和材料的选择。

（3）工程设计

找问题，提方案：小组成员全员参与，用头脑风暴的模式讨论问题，如：运用什么成像原理？照相机的机身可以使用什么材料？自己能找到什么材料？

问题聚焦：对比方案，评价、交流，分析各种方案的优缺点和可操作性，确定本组的最优方案。

方案可视化：根据本组的设计方案，绘制照相机设计草图（如图 2）。

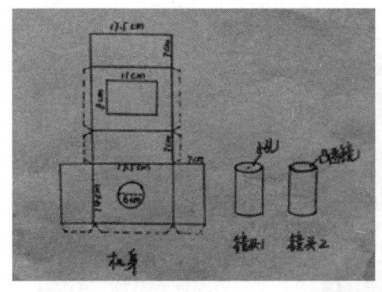 

图 2　设计草图

2. 材料准备

依据设计方案确定所需要的材料，列出材料清单。小组成员根据实际情况，分工合作准备需要的材料、工具。表 3 是其中一个小组的材料清单。

表 3　自制照相机材料清单

材料分类	材料名称	材料来源	负责人
镜头材料	放大镜	从文具店购买或向学校借	小组成员一
机身材料	硬纸板、彩色包装纸	快递包装箱等	小组成员二
光屏材料	半透明薄膜纸	描图纸	小组成员一
各种工具	刻度尺、圆规、剪刀、小刀、胶水、胶带、蜡烛、火柴（或打火机）	从文具店购买	小组成员三

3. 制作成品

根据设计方案，分工合作，动手制作照相机。

不同小组的设计方案不同,但原理通常为小孔成像和凸透镜成像其中一种,教师要观察每个小组的操作流程,实时指导。

图 3 是其中一个小组的制作流程:用硬纸板制作机身—用半透明薄膜制作成像光屏—将硬纸板做成圆柱形—安装上小孔或放大镜,制作镜头—将各部件组装在一起。

图 3　制作流程

4. 测试优化

(1) 效果测试。

观察照相机的成像效果,并将相关数据记入表 4。

表 4　成像效果测试记录

拍摄的景物	成像效果参数			
	物距/厘米	像距/厘米	成像效果	像的特征

发现问题:小孔成像相机和凸透镜成像相机呈现的像都暗淡模糊,外观粗糙。

(2) 迭代优化。

根据测试记录,组织小组成员讨论,分析照相机成像效果模

糊的原因,寻找改进的方法。

①成像环境优化。

小孔成像模糊的可能原因:由于孔不能太大,导致能透过孔的光线较少,因此像也较暗(如图4)。可将测试环境改为光线较暗的房间。测试发现成像果然清晰了许多(如图5)。

图4 光线亮时的效果

图5 光线暗时的效果

②照相机结构优化。

对于凸透镜成像,当物距发生改变时,像距也会跟着改变,因此只有当像距刚好等于透镜到光屏的距离时,像才清晰。当物距改变时,需要调整透镜到光屏的距离,确定在哪个位置能找到清晰的像。

成品改进:将一大一小两个圆柱体纸筒套在一起,将大的纸筒固定在机身上,将凸透镜固定在小纸筒上,保证小纸筒能自由伸缩,这样就可以改变透镜到光屏的距离(如图6)。

图6 结构优化

③外观优化。

运用彩色包装纸或选用其他方式,美化照相机外壳(如图 7)。

图 7 美化外观

(四) 交流评估

1. 成果发布

交流分享,展示成品(如图 8)和成像效果(如图 9)。讲述制作过程中遇到的问题,解决问题的方法与过程,交流心得。

图 8 成品展示　　　图 9 成像效果

2. 评价

利用表 5 评价量表进行自评和他评。

表 5 评价量表

评价项目	评价内容	分值(分)	得分(分)
知识储备 (20 分)	了解照相机的结构	10	
	能说出小孔成像、凸透镜成像的原理和规律	10	

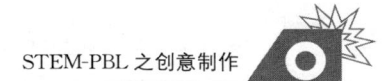

续表

评价项目	评价内容	分值(分)	得分(分)
聚焦方案 (20分)	从各种途径了解自制照相机的结构、制作方法	6	
	论证各种方案的优缺点,根据需求和能找到的材料确定最佳解决方案	8	
	绘制设计草图、选取材料、列出材料清单	6	
动手实践 (30分)	规范使用各种工具,注重安全	5	
	成品与设计图纸基本一致	5	
	自制的照相机能清晰地呈现蜡烛火焰的像	10	
	裁剪尺寸得当,成品美观	5	
	实践中规范操作,保证操作台面整洁有序,制作完成后整理实验桌,将各种器材归位	5	
物化成果 (20分)	测试成像效果,找出存在的问题,并进行优化(结构、环境)	10	
	对外观进行美化	5	
	制作PPT、海报、说明书等,介绍自己的作品	5	
团队协作 (10分)	组内成员分工协作,充分参与设计、实践、交流等环节	8	
	积极主动代表团队分享交流经验	2	
总分		100	

（五）拓展延伸

在成果发布阶段，有学生提出运用两种不同原理（小孔成像、凸透镜成像）制成的照相机的成像效果是否一样的问题，因此增加了对比实验。

采用控制变量法，比较在相同条件下两种相机的成像效果，得到如下测试结果：

（1）拍近处点燃的蜡烛时，两种照相机都能成像，凸透镜成像更清晰、亮度更亮。

（2）拍远处的窗户和窗外景物时，小孔成像照相机可以成像，凸透镜照相机不能成像。

通过小组讨论、查阅资料，最终找出原因：

（1）拍近处景物时，透过凸透镜的光线更多，因此成像更亮。

（2）拍远处景物时，一种情况是物距太大，成像太小，因此看不出像；另一种情况是远处物体发出的光线对于凸透镜来说近似于平行光，光线几乎会聚于一点，因此无法成像。

继而提出其他问题：

（1）利用小孔成像时，像的形状与孔的形状是否有关？像的大小与孔的大小是否有关？孔最大是多大？

（2）如何制作一个可以调焦距的照相机？

这些问题可以作为一个新的案例开展研究。

六、教学反思

本案例适合在学生学习了初中物理光学"凸透镜成像规律"后开展，可以加深学生对知识的理解，激发学生学习物理的兴趣。本案例以任务为导向，根据 STEM 理念，综合运用科学、技术、工程、美术、数学知识，解决实际问题，具有跨学科、整合性、应用性的特点。经历提出问题、分析问题、解决问题、扩展研究等过程，有利于学生创新思维由低级向高级发展。案例中的材料、用具获得容易，可操作性强，成功率高，作品个性化十足，有利于案例的推广。

在实施过程中，学生会遇到各种各样的问题，如：设计方案时没有考虑可操作性、材料是否能找到等；运用小孔成像时，孔的大小控制不好，导致不能成像或像太暗而看不见；运用凸透镜成像时，没有考虑像距要随物距的改变而改变……出现问题并不可怕，有问题出现才是真实的情景。出现问题后，分析问题、寻找原因，进而解决问题，不断改进、优化自己的设计，这个过程有利于学生思维能力的发展。在这个过程中，学生也许会有新的想法、新的发现，这便是创新。

纪念元素周期表 150 周年 "华诞"

一、项目背景

2019年，化学元素周期表迎来了它的 150 周岁生日，为了给它"庆生"，联合国于 2017 年宣布 2019 年为"国际化学元素周期表年"。为使学生了解化学的发展历史、增加对科学的兴趣，特将"为元素周期表的第 150 个生日献礼"定为本项目的主旨。

二、项目目标

（1）完成元素周期表 150 周岁生日礼物的制作。体验工程师做工程的流程，即定义问题、收集资料、提出解决方案、建立模型、评估与测试、修正模型、沟通交流。

（2）通过动手实验"金属与非金属的比较"，了解金属与非金属在物理性质和化学性质上的区别，以及检测导电性是区分金属和非金属物质最简便的方法。体验科学家做研究的方法和了解研究中可以使用的工具。

（3）提升资料收集、沟通协作、语言表达、解决问题以及批判性思维等方面的能力。

（4）培养学生尊重不同想法、乐于接受挑战的素质。

三、项目适用年级

初中八、九年级。

四、项目课时规划及教学内容（见表 1）

表 1 项目课时规划及教学内容

课时规划	项目内容及任务安排
第 1 课时	背景与方法介绍，做好知识储备、学前测评
第 2~4 课时	学习实验室安全方面的知识；了解几种典型的金属（钠、镁、铜、铁）与非金属（硫、磷、碳）的物理性质和化学性质，学会区分金属与非金属的简易办法；学会撰写实验报告；了解更多的关于元素的知识，分享实验和查阅资料的成果；设计并美化元素周期表 150 周年生日礼物
第 5 课时	分享设计思路、过程，展示作品，结题测验

五、项目实施

（一）团队建设

根据学生学习能力水平分组，三人一组，并确立组员角色（管理者、技术员、记录员三种角色由组员轮流承担）和主要任务（如表 2）。各队选定自己的队名并设计活动口号。教师给每组发一个档案袋以便收集学习日记、活动清单、活动记录等。

表 2 组员角色及主要任务

角色	主要任务
管理者	解读任务要求并确保传达给每一位组员；带领小组制定合理的活动实施方案；指挥和监督方案的落实
技术员	做好活动物料准备工作；与管理者沟通实施步骤，与记录员沟通记录方式及要求；动手操作
记录员	按照小组计划及要求，通过录制视频、收集数据、文字描述等方式记录活动过程

（二）知识储备

1. 原子的结构

各种亚原子粒子数量的关系：质子数＝电子数＝原子序数＝核电荷数，质量数＝质子数＋中子数。原子的结构及亚原子粒子的相对质量、相对电荷如图 1。

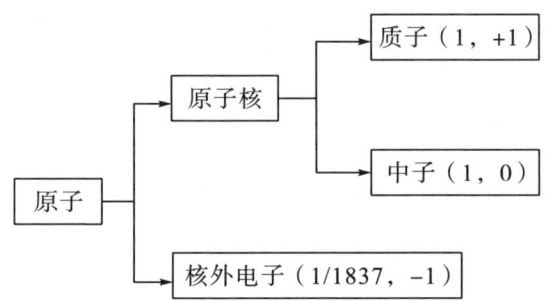

图 1　原子的结构及亚原子粒子的相对质量、相对电荷

2. 元素周期表

以 1869 年为分界，元素周期表的发展分为前期准备阶段、里程碑阶段和发展阶段。门捷列夫最大的贡献是坚持将化学性质相似的元素放在同一纵列，并在他的元素周期表中留了空位。随着科学技术的发展，表中的空位逐渐被填满。因此，1869 年被定义为元素周期表的诞生之年。元素周期表的发展史如图 2。

STEM-PBL 之创意制作

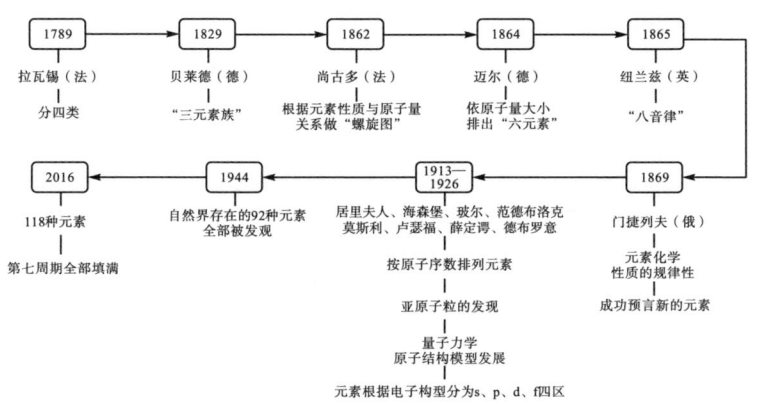

图2 元素周期表发展史

（三）实施过程

在中国化学会 2018 年 9 月 27 日发布的 IUPAC 化学元素周期表（中文版）中，每一个小方格代表一种元素。可以看到，有 80％以上的元素都有"金"字旁，剩下的一部分是"石"字旁或"气"字头或三点水旁。这些偏旁信息告诉我们，80％以上的元素是金属元素，在室温下为固体（汞除外），其余的元素为非金属元素，"石"字旁、"气"字头、三点水旁分别代表室温下为该元素为固体、气体和液体。一张简简单单的元素周期表蕴藏了很多信息。

1. 动手实验——认识金属与非金属

（1）实验室安全教育。

开展实验室的安全教育。

（2）材料。

金属材料：钠（绿豆大小）、镁条、铜片、铁丝。

非金属材料：硫、红磷、木炭。

（3）研究主题。

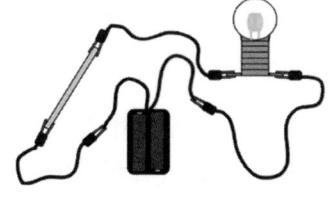

图3 测试材料的导电性

①物理性质。

比较上述金属与非金属材料的外观，并通过图3的装置测试它们的导电性，记录在表3中，完成实验报告。

表3 材料的外观及导电性记录

材料		外观	是否导电
金属	钠		
	镁		
	铜		
	铁		
非金属	硫		
	红磷		
	木炭		

思考：金属具有导电性的原因，画出模型（如图4），并进行说明。

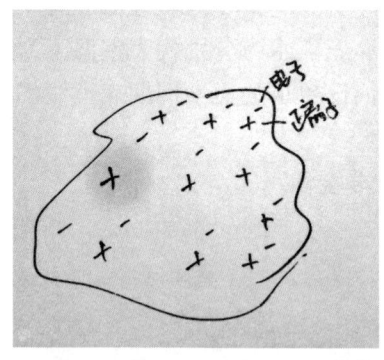 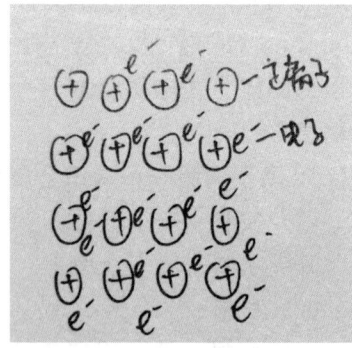

图4 手绘的金属导电模型

结论：金属中含有大量的自由电子，在通电情况下，电子定向移动形成电流而导电（灯泡亮）。而实验中的非金属不含自由电子，所以不能导电（灯泡不亮）。

②化学性质。

比较材料的化学性质（与冷水和稀盐酸的反应、能否点燃），将反应现象记录在表 4 中。（注意：红磷和硫的燃烧应在通风橱内进行）

表 4 材料的化学性质

材料		与冷水的反应	与稀盐酸的反应	点燃
金属	钠			
	镁			
	铜			
	铁			
非金属	硫			
	红磷			
	木炭			

结论：金属的活泼性不同，铜＜铁＜镁＜钠。非金属与冷水和稀盐酸均不发生反应。镁条燃烧时会发出耀眼白光，这是镁的特征反应，早期的照相机利用镁粉燃烧做闪光灯。

(4) 知识加油站。

①半导体材料。

半导体是指在常温下导电性能介于导体与绝缘体之间的材料，如硅、锗、砷化镓等。我们不难发现，硅、锗、砷三种元素在元素周期表中的位置是处在金属和非金属之间的，因此它们又被称为"准金属"或者"半金属"。科学家们研制新型半导体时，常常会瞄准这一区域的元素。半导体材料与集成电路器件、太阳能电池、转换器等的核心单元有极为密切的联系。

②合金。

合金是一种金属与另一种或几种金属或非金属的混合物。合金大大改善了单金属的性质。常见的合金有钢（铁和碳的合金）、不锈钢（含有铁、铬、镍等）、黄铜（铜和锌的合金）等，被广泛应用于重工业、轻工业、建筑行业和装饰行业。

③世界之最。

地壳中含量最多的金属元素是铝，最多的非金属元素是氧；宇宙中含量最多的元素是氢；大气中含量最多的元素是氮；发现元素最多的国家是英国……

各小组可从"半导体材料""合金""寻找世界之最"三个课题中任选一个，查阅资料、制作课件，并指定一个代表分享调研结果（如图5）。

图5　学生分享调研结果

2. 设计并美化小组的元素周期表150周年生日礼物

通过第一阶段对元素周期表以及部分元素单质物理性质和化学性质的认识，分组查阅资料，选择喜欢的元素和表现形式，设计元素周期表150周年生日礼物。

（1）制作笔记本和手机壳。

创作意图：利用元素周期表的英文名称和"150周年"设计Logo，并制作手机壳和笔记本。完成产品的素描手绘后，利用手机制图软件修图、制图，然后联系商家制作出笔记本和手机壳成品（如图6）。

图6　笔记本封面和手机壳

（2）手绘书签。

创作意图：通过查阅资料，掌握相关知识，手绘制作元素主题书签，书签上可以有元素的名称、符号以及特性等内容（如图7）。

图7　手绘元素主题书签

（3）元素知识信箱。

创作意图：一张简单的表格（元素周期表）容纳了118个元素以及它们的奥秘，怎么把更多的奥秘展现出呢？在尝试制作卡片、自己设计元素周期表失败后，受化妆品收纳盒的启发制作出了元素知识信箱（如图8）。

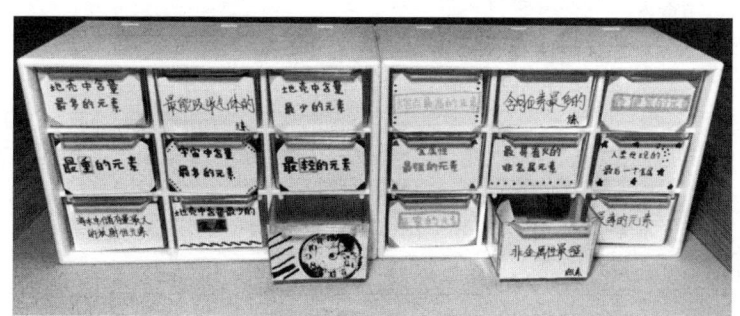

图8　元素知识信箱

（四）交流评估

1. 成果发布

各小组选派代表上台展示成品，并讲解创作意图和过程（如图 9），请其余学生提问、点评，投票评选出优秀作品。

图 9　交流展示成品

2. 评价

利用表 5 评价量表进行自评和他评。

表 5　评价量表

评价项目	评价内容	分值（分）	得分（分）
知识储备 （20 分）	知道原子的结构	8	
	了解元素周期表的发展	6	
	知道门捷列夫为元素周期表发展所做的重大贡献	6	
聚焦方案 （20 分）	从不同途径收集关于元素周期表的信息，并确定和选取相关信息	8	
	构思元素周期表 150 岁生日礼物的设计方案	6	
	选择最容易实现的方案绘制设计草图，选取材料，列出材料清单和预算成本	6	

续表

评价项目	评价内容	分值（分）	得分（分）
动手实践 （30分）	比较金属和非金属的物理性质，绘出金属导电模型	8	
	比较金属和非金属的化学性质	8	
	记录、整理实验现象，得出相应结论	8	
	实践操作中保证实验台面整洁有序，实验后整理实验桌，将各种器材整理归位	6	
物化成果 （20分）	成品创意新颖、具有个性化	10	
	制作PPT（或海报、说明书）介绍制作的生日礼物	10	
团队协作 （10分）	积极参与调研、讨论、制作、分析、总结等所有环节	5	
	总结自己在探究过程中的贡献，并发表活动感言	5	
总分		100	

（五）拓展延伸

与信息技术教师合作，引导学生进行电脑绘图，结合3D打印技术丰富作品形式。另外，可以让学生通过"我已学懂的知识、没学懂的知识、我想继续关注的知识、存在疑问的知识"这个过程来反思自己的学习效果，进一步头脑风暴，激发出更多的创意和创新。

六、教学反思

虽然设计此类项目比常规项目需要花费更多的时间和精力，但这样的尝试是值得的。当教师与学生之间完全信任时，学生会

通过完成任务来展现出平常没展现出来的优点,因为角色分工不同,学生有机会展示自己的特长,给教师带来惊喜。学生的进步和积极配合也会激励教师把项目设计得更加丰富,起到教学相长的作用。

不同年级的学生知识储备程度和认知水平略有差异,在项目实施过程中要根据情况进行调整。为了防止项目流于表面,教师要有清晰的目标,善于管理课堂时间,善于引导学生进行项目式学习。

分子运动现象实验装置的改进

一、项目背景

九年级《化学》(人教版)探究分子运动的实验,不但用时较长,而且还会产生刺激性的氨味。针对这些问题,对实验进行改进创新。

二、项目目标

(1) 通过本实验,认识分子、原子的存在,了解其性质,理解其概念。

(2) 运用实验解释分子在不停运动的特点,培养学生的抽象思维能力。同时在实验中提出问题、解决问题,培养学生的合作能力和创新能力。

(3) 通过对物质世界是运动的和分子的可分性与不可分性的认识,培养学生用辩证统一的观点思考问题的能力。

(4) 从发现问题到提出问题,再到设计实验,最后解决问题,整个过程需要将数学、物理、化学、美术等学科的知识融合在一起,体现了 STEM 教学理念。

三、项目适用年级

初中九年级。

四、项目课时规划及教学内容（见表1）

表1　项目课时规划及教学内容

课时规划	教学内容
第1课时	演示教材实验，引导学生发现问题、提出问题；分小组讨论解决方案，画出解决方案图
第2课时	根据实验方案完成实验，得出结论；分析改进后的实验装置的优劣

五、项目实施

（一）团队建设

根据座位远近组队，四或五人为一组。选出组长，分配组员角色，并做好分工安排（如表2）。

表2　组员角色及主要任务

角色	主要任务
组长	统领全组，合理安排组员分工合作，督促完成实验，记录实验现象和结果，演讲汇报
实验管理员	负责准备好本小组实验所需的实验器材和药品
实验设计员	负责写出本小组的实验方案，画出实验设计图
实验操作员	负责动手操作实验

（二）知识储备

本实验是对分子运动实验的改进实验，因此在进行实验前须基本了解化学仪器，能简单组装化学仪器，了解分子、原子的性质等，做好知识储备，如图1。

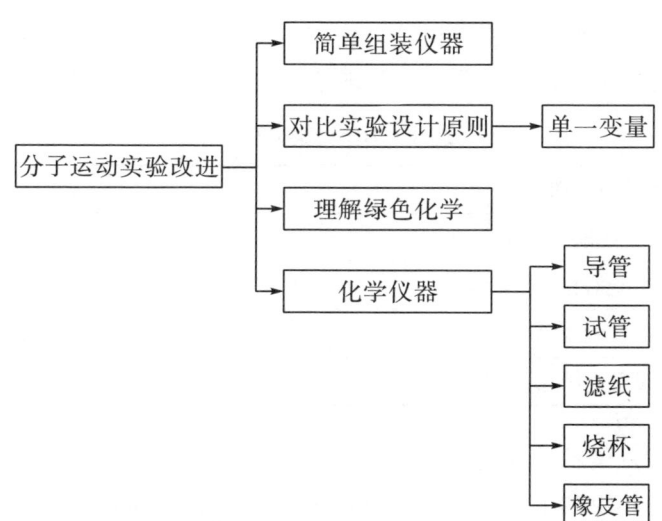

图1 知识储备

(三) 实施过程

1. 发现问题,提出问题

学生讨论实验原型(如图2)的不足之处:

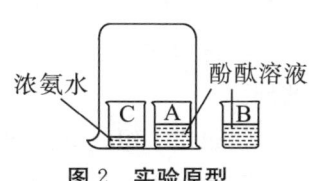

图2 实验原型

(1) 由于烧杯属于敞口装置,教室里会弥漫难闻的刺激性气味,不仅污染空气,也不利于师生身体健康;

(2) 实验所需的浓氨水和酚酞溶液的量比较大;

(3) 氨气分子的扩散过程不明显,不便于观察;

(4) 原装置比较大,不方便移动,只能放在讲台上,教室后排的学生不易观察到实验现象;

(5) 没有研究温度对分子运动速率的影响。

2. 小组合作,探讨改进实验方案

引导学生分小组讨论:如何对实验原型进行改进以达到既减少刺激性气味,又较快得出实验现象的目的。

(1)小组成员交流讨论,确定改进方案,画出实验设计图,明确方案的优缺点,预设实验现象和结论,并填入表3。

表3 小组讨论记录表

实验方案图	
方案优缺点	
实验器材	
预设实验现象	
预设实验结论	

(2)展示设计成果。

各小组展示自己的实验设计图,并说明优点和不足,听取其他小组的意见,修改优化方案。

①第一小组改进方案。

改进:在滤纸条上滴加酚酞溶液,放入试管中,在试管口塞一团棉花,然后在棉花上滴加浓氨水,观察实验现象(如图3)。

改进后的优点:节约药品,现象发生得更快、更明显,便于携带。

②第二小组改进方案。

改进:用两支试管分别放入等量的浓氨水和酚酞溶液,用导管连接两个单孔橡皮塞,塞紧试管,观察实验现象(如图4)。第二次实验时,可将装有浓氨水的试管放入热水中,观察实验现象。

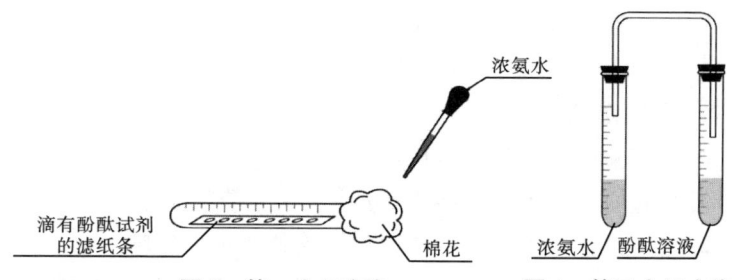

图 3　第一小组方案　　　图 4　第二小组方案

改进后的优点：节约药品，不污染环境；根据第二次实验，还能得出新结论（关于温度的影响）。

③第三小组改进方案。

改进：用烧杯盛装适量的浓氨水，将滴有酚酞溶液的滤纸放在浓氨水的正上方，观察实验现象（如图 5）。

改进后的优点：操作简单、方便，现象发生得更快、更明显，便于携带。

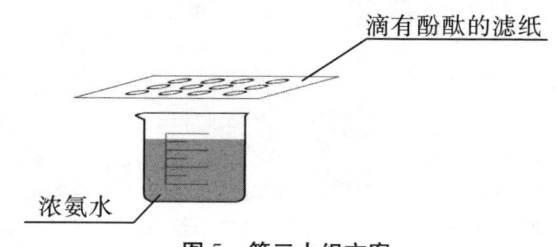

图 5　第三小组方案

3. 实施实验

课前请各小组的实验管理员在实验老师的带领下进入仪器室，准备好该小组所需的实验仪器。各小组根据自己的设计方案进行实验。

实验步骤：

（1）准备器材、药品。

（2）根据设计图组装仪器。

145

(3) 实施实验,并记录实验现象。

(4) 分析实验现象,得出结论。

4. 得出结论

(1) 实验现象及数据分析比较。

①实验原型:大概需要 10 分钟左右才能发现烧杯内的酚酞溶液逐渐变红,实验过程中会产生较大的刺鼻性气味。

②第一小组实验:1~2 分钟发现滤纸从管口向内逐渐变红,实验过程中会产生微弱的刺鼻性气味(如图 6)。

③第二小组实验:大约 5 分钟,装有酚酞溶液的试管变红,实验过程无刺鼻性气味(如图 7)。

④第三小组实验:大约 1 分钟,滴有酚酞溶液的滤纸条变红,拿开滤纸后,过一会儿红色逐渐消失;当再次放在浓氨水上方时,滤纸又会变红;实验过程中会产生少量的刺鼻性气味(如图 8)。

  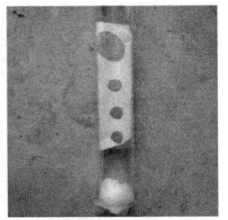

图 6　第一小组实验结果　　图 7　第二小组实验结果　　图 8　第三小组实验结果

(2) 结果讨论。

与教材实验原型对比后发现,改进后的三组装置都能很明显观察到"分子不停运动"的现象,且药品用量更少,现象发生得更快速、更明显,实验操作简单方便、便于携带,易于近距离观察实验现象。

同时,三个小组的实验也各有不同:

第一小组的实验,虽然装置没有完全密封,但由于用量很少,所以只有轻微的刺鼻性气味。

第二小组的实验,整个装置密封性好,不污染环境,更环保。

第三小组的实验,滤纸在实验中可以反复使用,多次实验,非常有创意。

(四) 交流评估

1. **成果发布**

交流分享,展示实验效果;讲述制作过程中遇到的问题,解决问题的方法与过程。

2. **评价量表**

利用表4评价量表进行自评和他评。

表4 评价量表

评价项目	评价内容	分值(分)	得分(分)
知识储备 (20分)	了解常见化学仪器的使用方法	8	
	能正确组装仪器	6	
	通过实验,认识分子、原子的存在,了解其性质,理解其概念	6	
聚焦方案 (20分)	小组讨论解决问题的实验方案	10	
	根据需求,确定最佳实验方案,列出所需的材料和仪器	10	
动手实践 (30分)	选取实验所需仪器,正确组装实验装置	8	
	实施实验,验证分子在不停运动	8	
	记录、整理实验现象,得出相应结论	8	
	实践操作中保证实验台面整洁有序,实验后整理实验桌,将各种器材整理归位	6	

续表

评价项目	评价内容	分值（分）	得分（分）
物化成果 （20分）	对实验装置进行个性化设计、改进	10	
	制作PPT等介绍实验装置和创新之处	10	
团队协作 （10分）	积极参与调研、讨论、制作、分析、总结等所有环节	5	
	总结自己在全部探究过程中的贡献，并发表活动感言	5	
总分		100	

（五）拓展延伸

（1）思考一下，还有其他的改进方案吗？画一画，试一试。

（2）同种条件下，所有物质的运动速率都一样吗？

（3）为什么选择浓氨水和酚酞溶液来进行实验？

（4）还有哪些因素可以影响分子的运动速率？

（5）分子运动现象在生活中有什么样的应用？

（6）绿色化学的意义是什么？

六、教学反思

在整个实践过程中，学生们表现得很积极，想法很多，方案很多，但并不是每一个方案都可行，所以教师要引导学生讨论、分析、对比每种方案的优缺点，聚焦最佳方案来进行实践。在实践过程中，教师一定要多给予学生正面评价，特别是实验没有成功的小组，鼓励他们找寻原因，继续实验。

百变电筒

一、项目背景

电筒在日常生活中必不可少,虽然现在的重要性不如以前,但是在实际生活中,依然是不可完全替代的。随着科学技术的发展,电筒的制作工艺更加成熟,功能更加完善,人们对电筒的需求也在逐渐改变。

矿场工人,喜欢登山、露营的人以及老年人(如图 1)经常要使用电筒,那他们希望目前的电筒有哪些改进呢?

矿场工人　　　　喜欢登山、露营的人　　　　老年人

图 1　经常使用电筒的人群

二、项目目标

(1)理解电路原理,学会电子元件的连接方法和 uKit 编程软件的使用方法。

(2)根据工程设计的特点,关注生活,提出质疑,明确需

求,分解问题,聚焦方案;绘制设计图,列出材料清单,制作能满足不同人群需求的电筒;养成良好的实验操作习惯。

(3) 根据 STEM 教育理念,综合运用科学、技术、工程、数学知识,验证、调试产品原型,找出存在的问题,并进行优化,提升 STEM 素养。

(4) 在项目式学习中学会分工、协作、交流,内化形成批判性思维、发散性思维、聚合性思维习惯,积极主动交流汇报。

三、项目适用年级

小学四、五年级。

四、项目课时规划及教学内容(见表 1)

表 1 项目课时规划及教学内容

课时	教学内容
第 1 课时	分组调查三类人群对于电筒的具体需求
第 2 课时	汇报交流,整理汇总调查结果
第 3 课时	制订解决问题方案,完成设计图,列出材料清单
第 4~5 课时	制作产品
第 6~7 课时	调试与改进

五、项目实施

(一) 团队建设

五人为一组,选出组长,并明确组员分工,做到人人有责,人人负责。本次共有 A、B、C、D 四个小组,组员具体分工如表 2。

表 2　组员任务分工

组员	任务
成员一（组长）	整体规划＋任务分工
成员二	调查分析＋作品介绍
成员三	作品设计＋材料准备
成员四	作品制作＋材料准备
成员五	程序设计＋作品调试

（二）知识储备

了解电路、人工智能材料等相关知识，做好知识储备，如图 2。

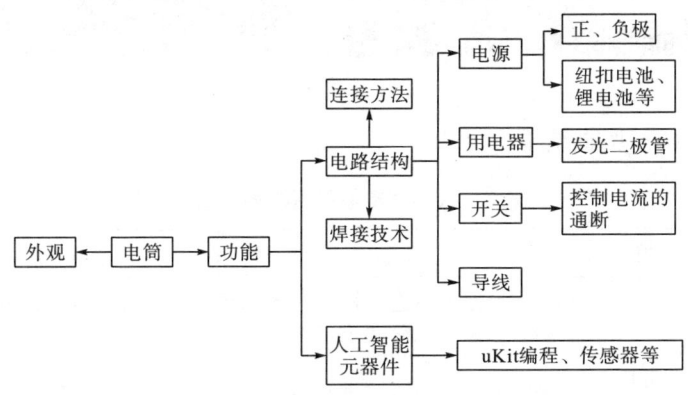

图 2　知识储备

电路由电源、开关、导线和用电器四大部分组成。电流从正极流出，通过灯泡回到负极，形成一个完整的回路，灯就会发光。发光二极管具有单向导电性，电流只能从发光二极管的正接线柱流入，负接线柱流出。开关能控制电流的通断。

人工智能元器件有 uKit 主控制器、uKit Explore 主板、声音传感器、温湿度传感器、超声波传感器等。根据现实的需要，制订方案，使用简单器具搭建作品，最后将搭建的作品通过编程实现程序控制作品的目的。

（三）实施过程

1. **聚焦问题**

人们对于电筒的具体需求是什么？

2. **实践探究**

（1）分组调查（如图3）。

图3　分组调查

（2）调查结果（见表3）。

表3　人们对电筒的需求调查结果

人群	调查结果
矿场工人	希望有以下改进：轻便，有SOS报警装置，有障碍物距离感应，蓄电时间长
喜欢登山、露营的人	希望有以下改进：有SOS报警装置，轻便，功能多
老年人	希望有以下改进：轻便，有声控功能，能利用太阳能充电，有障碍物探测功能

（3）制订解决问题方案，完成设计图。

经组内讨论、交流，共同制订方案。

A组：考虑到矿场工人在井下工作时，双手要使用工具，因此无法手持电筒，所以想制作一款与安全帽一体的电筒。

B组：通过调查发现，喜欢登山、露营的人经常使用登山杖，而且比较时尚，于是想制作一款与登山杖一体的时尚电筒。

C组：调查发现现在年轻人出门都会携带自拍杆，认为将电筒与自拍杆有效结合，会既实用又时尚。

D组：通过现场采访了解到老年人在晚上开门锁的时候需要照明，因此想为老年人制作一款"钥匙扣电筒"，既轻便又实用。

各组制订了解决问题的方案后，开始在学习单上绘制电筒的设计图。然后全班交流讨论，分析各个设计的优缺点并释疑。指导教师结合各组的交流情况，对设计上的明显缺陷提出修改建议，指导学生完善自己的设计（如图4）。

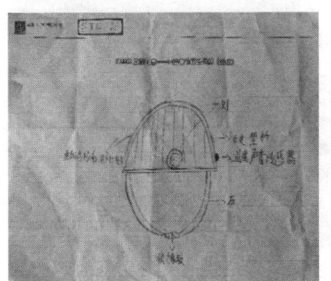
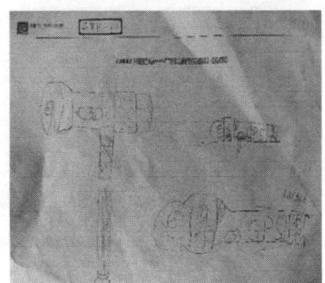

图4　讨论交流，绘制设计图

（4）列出材料清单。

在教师指导下，各组根据自己的设计方案，列出材料清单，为制作做准备（如图5）。

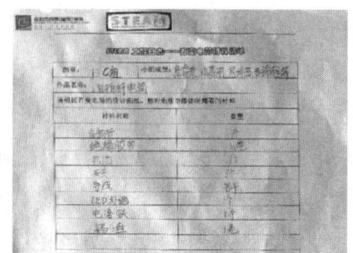

图 5 材料清单

（5）制作电筒。

在指导教师的协助下，各小组根据自己的设计方案，分工合作完成电筒制作（如图 6）。

图 6 制作电筒

3. 迭代优化

各小组展示、介绍自己的作品后，发现制作的产品功能都很简单，只能照明，跟市面上的一般手电筒差别不大。这时，教师引导学生根据不同的需求增加功能。各小组再次讨论，优化方案。

①A 组作品优化。

A 组在原来的设计上增加了人工智能元件（湿度传感器和温度传感器），制作出的作品不仅可以照明，还有温湿度报警功能（当温度超过 20℃，湿度低于 50％时，电筒的警报器就会响），从而达到减少意外发生的目的。优化后的作品如图 7，程序脚本如图 8。

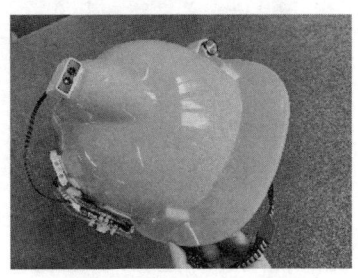

图 7　A 组优化后的作品

图 8　A 组优化后的作品程序脚本

②B 组作品优化。

B 组在登山杖的两侧设计安装了灯泡，可以同时照亮侧边的范围（如图 9）。

图 9　B 组优化后的作品

③C 组作品优化。

C 组对灯泡的位置做了调整，将其从自拍杆的手柄处移到了

图10　C组优化后的作品

放手机的位置，更加完美地将电筒与自拍杆结合，既可以在行走的时候照明，也可以在拍照的时候自动打光。

④D组作品优化。

D组给电筒增加了一个与电脑相连的警报装置（图11），当找不到钥匙扣的时候，可以在电脑上打开相应的警报开关，从而提醒使用者钥匙扣的位置。

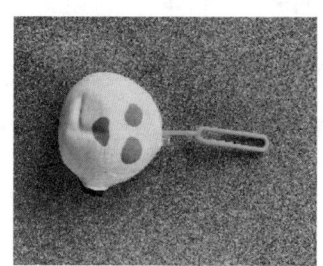

图11　D组优化后的作品

（四）交流评估

1. 成果展示

各组展示自己的作品，介绍自己的设计理念、设计方案，并展示制作过程等。

2. 评价

利用表4评价量表进行自评和他评。

表4　评价量表

评价项目	评价内容	分值（分）	得分（分）
知识储备（20分）	了解电路原理	10	
	学会电子元件的连接方法，会使用uKit编程软件	10	

续表

评价项目	评价内容	分值（分）	得分（分）
聚焦方案 （20分）	明确项目要求：能满足不同人群的需求	8	
	能够将问题分解为材料、结构、功能等小项目	6	
	基于证据探讨、论证，确定最佳解决方案	6	
动手实践 （30分）	绘制设计图	5	
	列出材料清单	5	
	制作能照明的电筒	5	
	制作能满足不同人群实际需求的百变电筒	10	
	实践操作中规范操作，保证实验台面整洁有序，实验后整理实验桌，将各种器材归位	5	
物化成果 （20分）	验证、调试、修改产品原型，找出存在的问题，进行优化（材料、外形、功能等）	10	
	用控制变量法测试产品原型	6	
	收集、整理数据，得出相应结论	4	
团队协作 （10分）	组内成员分工协作，充分参与设计、制作、交流等环节	8	
	积极主动代表团队汇报交流成果	2	
总分		100	

六、教学反思

(一) 项目亮点

(1) 项目秉承 STEM 教学理念,让学生在了解电学知识的基础上,利用发光二极管、纽扣电池、传感器等,运用工程思维模式,实现"一项目一作品"的制作,培养了学生运用知识解决实际问题的能力。

(2) 在连接电路的过程中,学生发现只是简单地将导线拧到一起,很容易脱落,导致电路断路,灯泡不能正常发光。经过多种方法的尝试与探究,学生最终决定用焊接技术来解决这个问题。这个过程需要不断实验,对比实验结果,有利于培养学生的科学探究能力。

(3) 在作品调试与展示的过程中,学生对比各组作品的优点和缺点,集思广益,不断优化作品,经历了一个完整的"设计与工程"的过程,有目的地完成了自主设计、制作的作品,在动脑想和动手做的实践过程中,提高了解决实际问题的能力。

(二) 有待改进的地方

(1) 在制作电筒的过程中,老师一定要反复提醒学生安全使用实验器材,避免不必要的伤害。

(2) 学生在反思、改进中会产生很多奇思妙想,在教学过程中应给予其较大的实践空间。

(3) 在对作品进行互评时,评分标准应更符合学生认知,让学生的评分更有参考价值。

STEM-PBL 之科学探究

点"橘皮"成"油"

一、项目背景

橘子皮中除了含有大量的维生素 C，还含有橘皮精油，其主要成分为柠檬烯，对化解人体内的胆结石等具有特殊疗效，此外还有理气化痰、排毒养颜、和胃健脾、消食解酒等功能。随着种植技术的改进和保鲜技术的普及应用，近年来，果农摘下橘子后多会用保鲜剂浸泡。橘皮表面附着的保鲜剂，利用水洗、日晒的方式并不能去除干净，若用这样的橘子皮泡水，对身体的损害是显而易见的。因此，我们想探究如何从这种橘子皮中有效提取橘皮精油。

二、项目目标

（1）认识橘子果实的结构，了解橘皮油的化学本质及用处。

（2）了解橘皮精油提取的常用方法，掌握水蒸气蒸馏法。

（3）培养不断提出问题、解决问题的思维能力，培养运用科学知识解决生活中的实际问题的能力，以及乐于探究的品质。

（4）将数学、化学、生物等学科知识与工程思想融合在一起探究、设计橘皮精油的提取技术，通过对比试验，分析出油率的影响因素等，培养学生的 STEM 素养。

三、项目适用年级

高一、二年级。

四、项目课时规划及教学内容（见表 1）

表 1 项目课时规划及教学内容

课时	教学内容
第 1 课时	认识果实的结构，了解精油提取的常用方法，知道水蒸气蒸馏法
第 2 课时	查阅文献，定义需求；了解相关知识，提出解决方案，在传承的基础上创新
第 3 课时	分析实验数据及现象，交流评估，制作产品说明书

五、项目实施

（一）团队建设

兴趣社团的成员。自由组合六到八个组，每个小组三到五人，每组选出一个组长，取一个有趣而又个性化的组名。

（二）知识储备

掌握植物果实的形态结构，以及提取精油的方法等相关知识，形成知识储备框架（如图 1），为后续研究提供支撑。

STEM-PBL 之科学探究

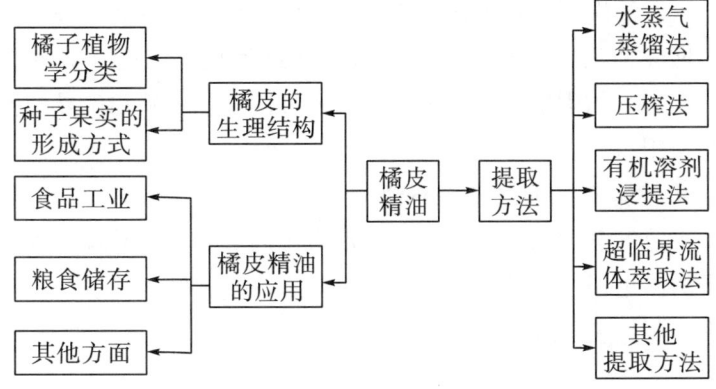

图 1　知识储备框架

1. 橘皮是由什么发育而来？

任何一个果实都是由花的雌蕊子房发育而来的。子房壁会发育成果皮［包括外果皮、中果皮和内果皮（果肉），中果皮和内果皮俗称果肉］，里面的胚珠发育成种子。可食用的橘类水果有很多，它们都属于柑橘属，是芸香科的一属。常见的主要包括柑橘、柠檬、橙子、柚子等。其外果皮的油点又称油胞，橘皮精油主要存在于外果皮的油胞层中，一般占果皮鲜重的 0.5%～2.0%。

图 2　橘子结构模式图

2. 橘皮精油的应用

橘皮精油无色、透明，具有诱人的橘香味，作为食品的矫味剂和赋香剂，在调味品、饮料、糖果、饼干、蛋糕、冰激凌等食品中可直接使用或调制后使用；橘皮精油对多种害虫具有熏杀、驱避的作用，可根据柑橘精油的作用特点及粮食储藏中常出现的主要害虫种类，开发相应的杀虫剂、引诱剂和熏蒸剂，发挥精油在粮食储藏中的应用价值；橘皮精油可作为饲料、牙膏、香水、花露水、清洗剂、添加剂、香皂及家庭除臭产品等的调香剂。另外，橘皮精油还具有祛痰、止咳、促进消化、镇痛、溶解胆结石、镇静人体中枢神经、消除疲劳、抑制细胞增殖和诱导细胞凋亡等作用。

3. 水蒸气蒸馏法工作原理

水蒸气蒸馏法是提取果皮精油常用的方法。其原理是利用水分子的渗透作用及精油沸点低、可随水蒸气挥发等特点，在水蒸气作用下，使油和水同时蒸馏出来，分离出油层，即得橘皮精油。

（三）实施过程

1. 方案设计

（1）明确目标。

橘皮精油有很多提取办法，分析各方法的优点和缺点，运用比较法，确定最优提取方法。尝试用该方法提取橘皮精油，计算出油率，并改进实验，增加出油率。

（2）探究思路。

查阅文献后发现，使用压榨法获得的精油因含有叶绿素等杂质而纯度低，出油率也低，仅为 1.0%～1.6%，且不适用于干橘皮提取精油；水蒸气蒸馏法因设备简单、容易操作、成本低、出油率高，适用于各种柑橘皮精油的提取，已在生产中采用；使用有机溶剂浸提法时，有机溶剂可能会残留，萃取时间较长，效率低，在生产上还要增加蒸馏装置去除有机溶剂，增加了生产的成本，因此，生产上一般不采用此法；超临界流体萃取法和其他提取方法技术含量高，设备昂贵，经济成本高，且易受多种因素影响，几乎没有企业采用。因此，小组讨论后决定使用水蒸气蒸馏法提取橘皮精油。图 3 即为此次实验的探究思路。

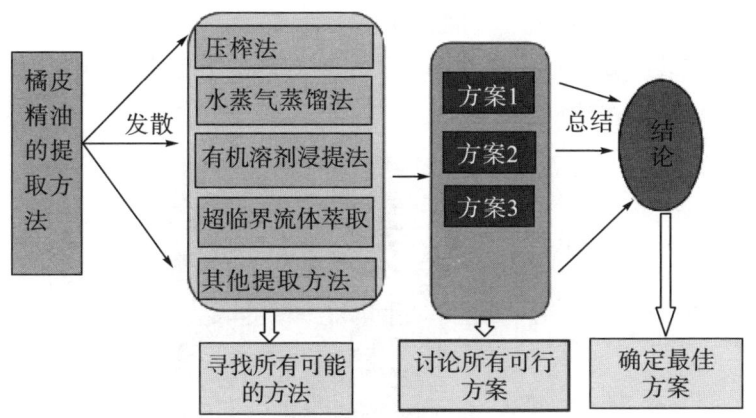

图 3 实验探究思路

2. 实验准备

根据探究思路和实际条件,小组讨论确定所需实验仪器和材料,列出清单。

(1) 准备所需实验仪器 (如图 4 至图 10)。

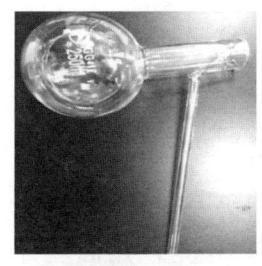
图 4 蒸馏烧瓶

图 5 铁架台

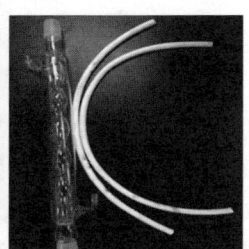
图 6 冷凝管和胶管

水浴锅

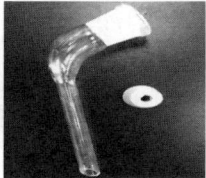
图 8 牛角管和橡皮塞

图 9 酒精灯和石棉网

图10 温度计

(2) 安装水蒸气蒸馏装置。

安装时要注意安装顺序：从左到右，从下到上。图 11 为安装完成后的水蒸气蒸馏装置。

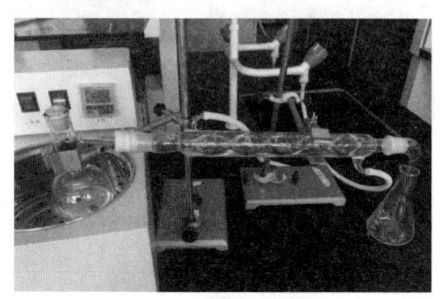

图 11　水蒸气蒸馏装置

(3) 实验。

使用水蒸气蒸馏后，锥形瓶中将收集到橘皮精油与水的混合物，利用分液漏斗将油水分离，通过过滤即可得到橘皮精油。为了更好地使油水分离，可以加入橘皮质量 0.25% 的 $NaHCO_3$ 和 Na_2SO_4。

3. 修改模型，迭代优化（性能优化）

(1) 橘皮精油沸点低，会随水蒸气一起蒸馏出来，所以有些学生认为实验中可以不用温度计。但是一方面，为了安全起见，如果温度高于 100℃，就要让装置停止运行；另一方面，温度太高，橘皮精油的有效成分也容易水解，所以还是使用温度计为好。

(2) 根据蒸馏过程中原料放置的位置，可以将水蒸气蒸馏法划分为水中蒸馏和水汽蒸馏两种。实验发现，把新鲜橘皮放在水中加热（水中蒸馏），橘皮容易焦煳。改进水蒸气蒸馏装置，将新鲜橘皮放在另一个圆底烧瓶里面（水汽蒸馏），即可避免橘皮直接接触液态水。

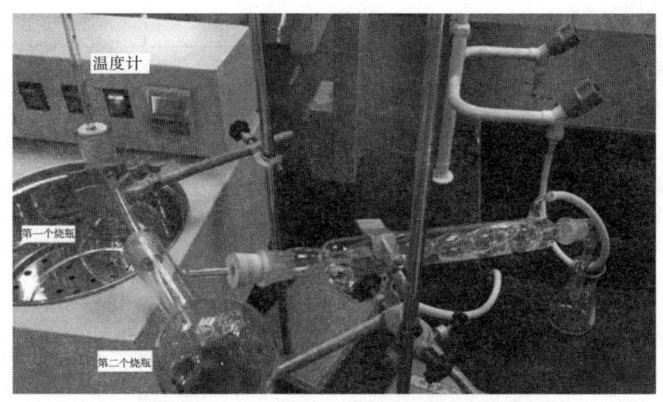

图 12　改进后的水蒸气蒸馏装置

（四）交流评估

1. 成果发布

向同学、老师、专家展示实验成果，同时也可通过发表文章、参加创新类比赛等，将成果向外界发布。

2. 评价

利用表 2 的评价量表进行自评和他评。

表 2　评价量表

评价项目	评价内容	分值（分）	得分（分）
知识储备 （20 分）	认识果实的结构、橘皮精油的化学本质及用处	10	
	掌握水蒸气蒸馏法工作原理	10	
聚焦方案 （30 分）	将数学、物理、化学、生物等学科知识与工程思想融合在一起，制订可行方案	10	
	对比不同方案的优缺点，确定最优方案	5	

续表

评价项目	评价内容	分值（分）	得分（分）
	写出方案实施的具体步骤或者画出流程图	5	
	列出影响实验效果的因素	5	
	列出在方案实施过程中的注意事项及安全措施	5	
动手实践（30分）	运用水蒸气蒸馏装置完成实验，油水分离，得到橘皮精油	15	
	整理实验数据，计算出油率	5	
	系统梳理实验的各个环节，总结、反思	5	
	实验过程中规范、安全使用各种器材，实验完成后收拾整理实验桌，将实验器材归位	5	
表达交流（10分）	制作PPT（或海报、说明书），介绍自己的实验方法和结论	3	
	上台展示自己的实验装置，分享自己的设计思路	3	
	作品设计新颖、有创意	4	
团队协作（10分）	成员分工协作，积极参与设计、讨论、交流、制作等环节	6	
	总结自己在全部活动过程中的贡献，并分享汇报	4	
总分		100	

（五）拓展延伸

（1）蒸馏时，很多因素都会影响提取出的橘皮精油的品质，如温度太高、时间太短等。应思考如何才能提高提取出的橘皮精油的品质。

（2）水蒸气蒸馏法时间长且温度高，易使精油中的有效成分水解，从而降低精油品质，如果在水蒸气蒸馏前先对橘皮做超声波处理，则能大大缩短高温蒸馏时间，且提取率可比直接蒸馏提高将近1.5倍。

（3）实验发现，在提取过程中，添加少量 NaCl 也可以提高出油率。

（4）可借助高校实验室设备来检测橘皮精油的化学成分。

六、教学反思

（一）目标达成

本案例使用常见材料设计实验，通过出油率检测学生的操作能力，有一定的新颖性，容易激发学生的兴趣。

（二）流程清晰

整个实验流程比较清晰，但是只采用了一种提取办法，以后可以尝试使用压榨法等对比实验效果。

叶脉艺术

一、项目背景

最近学校周边的文具店盛行售卖一种被染成五颜六色,并配有各种祝福语言的叶脉书签,这样的书签深受学生喜爱。这些书签虽然精致漂亮,但是售价不菲,而且样式单一。因此,学生想自己动手设计制作一些个性化的叶脉工艺品。

二、项目目标

(1) 认识叶片的基本结构,了解获取叶脉的常用方法;利用碱煮法获取叶脉,最后制作出个性化的叶脉工艺品。

(2) 能熟练掌握获取叶脉的方法,体验创意物化的经历;在实际生活中定义需求,并设计最佳解决方案,体验将创意想法具体化、物化的复杂性和创造性,培养批判性思维和创造性思维的能力。

(3) 在探究创新的过程中体验学习的乐趣,发展学生的动手实践能力,并进一步激发学生探索与创新的热情。

(5) 学习将数学、化学、生物等学科知识与工程思维融合在一起,通过定义需求、资料查询、对比分析、设计方案、实验探究等实验过程,培养 STEM 素养。

三、项目适用年级

初中七、八年级。

四、项目课时规划及教学内容（见表 1）

表 1　项目内容及任务安排

课时	教学内容
第 1 课时	认识叶片的结构，了解制取叶脉的方法
第 2 课时	利用碱煮法获取叶脉并探究最适宜的加热时间
第 3 课时	设计并美化叶脉，DIY 叶脉工艺品
第 4 课时	发布成果，评选优秀作品

五、项目实施

（一）团队建设

四人为一个小组，自愿组合，教师根据学生基本情况进行微调。

（二）知识储备

通过图书馆、网络等途径了解叶片的结构及特点，获取叶脉的方法及优缺点，叶脉书签的制作方法等相关知识，做好知识储备，如图 1。

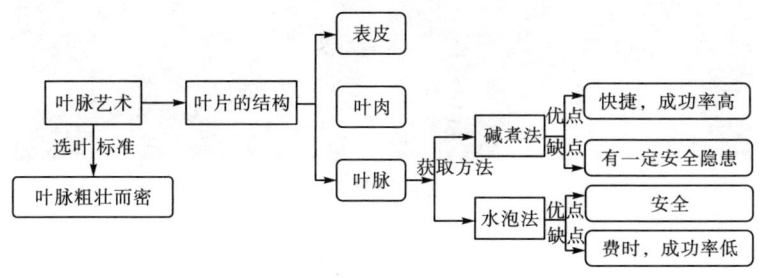

图 1　知识储备

（三）实施过程

1. 实验原理

很多植物的叶脉都是由坚韧的纤维素构成的，在碱液中不易煮烂，而叶脉四周的表皮、叶肉在碱液中容易煮烂。

2. 确定主题

经讨论、分析，找出影响刷叶效果的因素：加热时间、碱液浓度、叶片种类、叶片的幼嫩程度等，并确定项目的研究主题——探究桂花叶片的最佳加热时间。

3. 材料和用具

氢氧化钠溶液、电磁炉、不锈钢盆、新鲜叶片、玻璃板、玻棒、废旧牙刷（如图 2）。

图 2　材料和用具

4. 获取叶脉

（1）选叶。

选择叶脉粗壮而密的树叶，如桂树、山茶花树、玉兰树等的树叶（此次项目选用桂树的叶子）。在叶片充分成熟并开始老化的夏末或秋季选叶制作最好（如图 3）。

图 3　选叶

（2）配液。

配制浓度为 10% 的氢氧化钠溶液，如图 4。

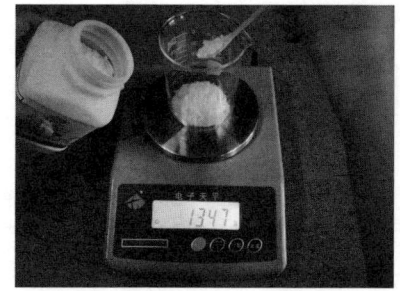

图 4　配置浓度为 10% 的氢氧化钠溶液

（3）煮叶。

将配制好的氢氧化钠溶液加热至沸腾后，加入选好的叶片，继续加热至再次沸腾后，持续 4 分钟，首次取出少量叶片，然后每隔两分钟再取出少量叶片，如图 5。（加热时，用玻棒或镊子轻轻翻动，防止叶片叠压，使其均匀受热）

图 5　用氢氧化钠溶液煮叶片

（4）洗叶。

将取出的叶片用流水反复冲洗，洗去叶片上残余的氢氧化钠溶液。

（5）刷叶。

将冲洗干净的叶片平铺在玻璃板上，用废旧牙刷或者试管刷在流水下轻轻地刷去叶片的叶肉组织，直到只留下叶脉，如图 6。确定最佳加热时间后停止加热。

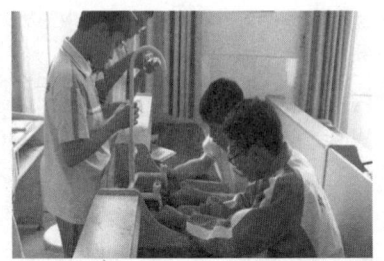 

图 6 在流水下刷叶

5. 分析总结

记录、分析实验数据，找出桂树叶的最佳加热时间。

6. 制作、美化作品

将刷净的叶脉漂洗后放在玻璃板上晾干。当叶片晾到半干半湿状时，涂上所需的各种染料，然后夹在旧书报纸中，吸干水分后取出，即可作为叶脉书签使用。叶片干燥后用红、蓝墨水或其他染色剂将其染成自己喜爱的颜色，再在叶柄上系一根彩色丝绸带，便制得了一件叶脉清晰、色质艳丽、美观实用的叶脉工艺品（如图 7）。

图 7 制作、美化作品

（四）交流评估

1. 作品展示

学生上台展示并讲解自己的作品（如图 8）。学生投票评选出优秀作品。

图 8　作品展示

（1）拼制图案作品（如图 9、图 10）。

图 9　金鱼　　　　　　　图 10　裙摆

（2）剪切、拼图作品（如图 11、图 12）。

图 11　两只兔子　　　　　图 12　青蛙

（3）纯色染色作品（如图 13）。

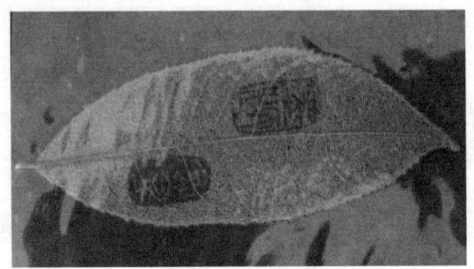

图 13　叶脉书签

（4）混合染色作品（如图 14、图 15）。

图 14　大熊猫荡秋千

图 15　快乐一家

2. **评价**

利用表 2 的评价量表进行自评和他评。

表 2　评价量表

评价项目	评价内容	分值（分）	得分（分）
知识储备 （20）	了解叶片的基本结构	7	
	了解目前获取叶脉的常用方法	7	
	画出叶脉获取相关知识的调研知识网络	6	

续表

评价项目	评价内容	分值（分）	得分（分）
聚焦方案 （30分）	讨论、分析不同的获取叶脉方法的优缺点	5	
	对比不同方法的优缺点，确定一种最优方案	5	
	写出方案实施的具体步骤或者画出流程图	5	
	列出影响刷叶效果的因素	5	
	讨论并明确探究叶片最佳加热时间的实施方案	5	
	列出在项目实施过程中的注意事项及安全措施	5	
动手实践 （30分）	根据方案设计，用给定材料成功获取叶脉	8	
	获取叶脉时，能正确探究最佳的加热时间，并详细记录下实验数据	6	
	整理实验数据，得出相应结论	4	
	成功制作出个性化的叶脉工艺品	8	
	项目实施过程中规范、安全使用各种器材，制作完成后收拾整理实验桌，将实验器材归位	4	
表达交流 （10）	制作PPT（或海报、说明书）介绍自己的叶脉工艺品	3	
	上台展示自己的叶脉工艺品，分享自己的设计思路	3	
	作品设计新颖、有创意	4	

续表

评价项目	评价内容	分值（分）	得分（分）
团队协作 （10）	成员分工协作，积极参与设计、讨论、交流、制作等环节	6	
	总结自己在全部活动过程中的贡献，并分享汇报	4	
总分		100	

（五）拓展延伸

本次项目是使用桂树叶作为原料来获取叶脉，可以思考：还有哪些叶片可以作为实验材料？不同植物叶片的最佳加热时间分别是多少？

六、教学反思

本项目常年在我校七、八年级中开展，在培养学生工程素养的同时，还培养了他们的创新精神和创新意识。

本项目的材料用具易得，实验操作简单，过程快速、便捷，成功率高，作品个性十足，受到了学生的一致欢迎。但是，如果能用碱液浸泡法替代碱煮法，则更有利于项目的推广和普及。

创制简易乐器

一、项目背景

乐器的制作需要自然、科学与艺术的结合，将音乐审美与科技创新相融合的教育，符合 STEM 的教育理念。制作简易乐器有助于创新意识的培养，有利于学生在科学探究实践中掌握科研流程，学会用整合的思维解决实际问题。

二、项目目标

（1）学习传统生律法、音高定位的算法及相关的声学知识，明晰工程方案设计的主要过程与基本要求，了解制作乐器的材料、工艺和方法。

（2）培养学生查阅文献、收集和筛选信息的能力，增强探究、动手和创新的能力，使学生学会按照工程设计的基本过程与要求，设计自选创制乐器的方案，并制作出模型。

（3）通过乐器的创制，培养学生创新思维；让学生在科学探究实践中掌握科研流程，学会用已有的原理、方法解决实际问题。在 STEM 整合的过程中，有效拓宽学生视野，促进学生核心素养的形成。

（4）通过学习传统生律法，增强民族自豪感；培养学生合作学习、乐于分享、勇于试错的科学精神。

三、项目适用年级

初、高中年级。

四、项目课时规划及教学内容（见表1）

表1 项目课时规划及教学内容

课时	教学内容
第1~2课时	赏析、体验
第3~5课时	设计、创制：对比选材、算数定音、模型制作
第6~8课时	
第9~12课时	
第13~14课时	测试、优化
第15课时	总结、评价

五、项目实施

（一）团队建设

七人为一组，自行组队，选出组长并明确各自分工，如表2。

表2 小组成员分工

组长	第一小分队	第二小分队	第三小分队
协调对接 ＋ 方案构想 ＋ 设计制作	材料选择 ＋ 方案构想 ＋ 设计制作	信息分享 ＋ 方案构想 ＋ 设计制作	调查绘图 ＋ 方案构想 ＋ 设计制作

（二）知识储备

要做一个简易乐器，需要学习计算乐器音高位置的生律法，了解乐器的基本组成、弹拨乐器与打击乐器发声的基本原理，以及共鸣箱结构所蕴含的科学原理。

三分损益法——古代的生律法，按琴弦长度进行律学计算。将一段琴弦去掉三分之一（即三分损一），可以得到此音上方五度音程；将一段琴弦增加三分之一（即三分益一），可以得到此音下方四度音程。连续运用，各音律就得以辗转相生。

共鸣箱——其工作原理是利用共振使频率相同的声音相叠加，使原声加强。结构包括表面板、背面板以及夹在表面板和背面板之间的中间板。

（三）实施过程

1. 赏析、体验

音乐学科教师组织学生鉴赏以创新著称的音乐家作品，引导学生分析其创意所在；组织学生搜集新乐器资料，观看乐器制作视频，探索不同材质的鸣奏音色和音高，激发学生创制乐器的兴趣，导入课题。

（1）赏析、评价作曲家谭盾的作品《水乐》和《纸乐》（如图1）；观看乐器制作视频，了解乐器的基本结构和发声原理，扩展学生思维，为选题积累素材。

（2）寻找金、木、陶、革等常用的乐器制作材料，聆听不同材质的鸣奏音色。

（3）尝试采用不同的技法（摩擦、震荡、拍击、弹拨等）探索不同乐器制作材料的音响效果（如图2）。

图 1　赏析　　　　　　　图 2　体验

2. 制订方案

科创中心的音乐学科教师组织学生进行头脑风暴，提出设计构想。讨论、对比简易乐器制作的可行性、创新性、实用性，制订设计方案，确定要创制的乐器种类。设计方案的流程如图 3。

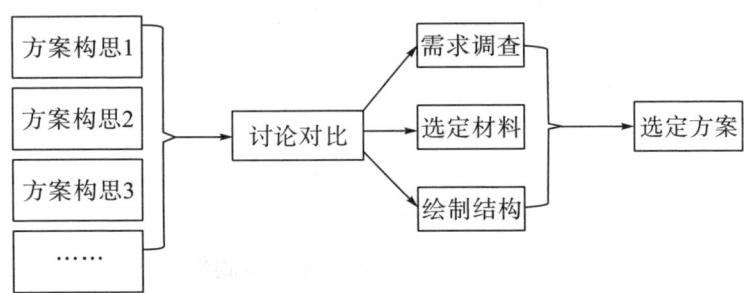

图 3　设计方案确定流程图

（1）就创制乐器的创新性和实用性向家长、老师和同学收集建议和意见。

（2）了解材料属性，确定使用何种材料制作乐器的各部件，绘制乐器基本结构图，设计有创意的、简单易上手并具备至少七个基本音级的简易乐器。

最终，学生根据自己的兴趣确定了两套设计方案：制作弹拨乐器（如图 4）和有音高的打击乐器（如图 5）。教师引导各小组根据自己的兴趣、小组成员的能力优势选择其中一种方案来完成。

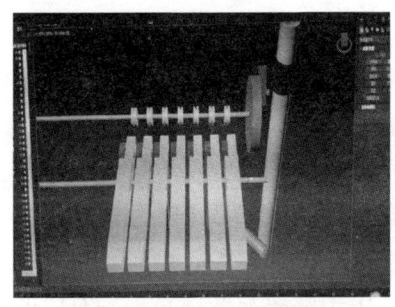 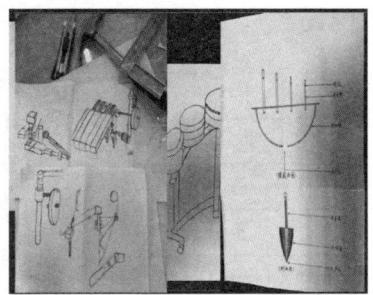

图4　弹拨乐器设计图　　　图5　有音高的打击乐器设计图

3. 材料、工具

经过市场调查，并考虑制作成本后，学生选择了普通的、易采购的乐器制作材料（如图5），并将物料数量、规格报科创中心统一购买。学校开放通用技术实验室，让学生在管理员的指导下使用。

（1）拨弦乐器选材。

琴弦材料：吉他琴弦、木材、弦拴、弦枕。

（2）打击乐器选材。

镀锌金属管、PVC塑料管、制作琴架的木材、胶皮。

共鸣箱的制作材料选用云杉或泡桐这类成本较低、结构细致、材质轻软、含树脂量少、共振性能良好、胀缩性小的木材。

图5　选材

4. 算数定音

自制乐器，最难的是快速准确地找到标准的音高。科创中心的数学学科教师带领学生学习我国古代传统的生律法，运用数学思想将课堂知识迁移到实际问题的解决中，为创制的乐器计算音高位置。

c'	do	262
d'	re	294
e'	mi	330
f'	fa	349
g'	sol	392
a'	la	440
b'	si	494

图7　音高与频率的关系

拨弦乐器的定音——通过对传统律法的分析可知，弦长与频率之间存在相关关系。可利用数学建模的方法，借助现代计算机技术，找到一个函数来刻画这种相关关系。通过这个函数关系，找到一个弦长与之对应，由于频率与音高是一一对应的正相关关系（如图7），于是可以准确定位音高，计算出其他音高对应的琴弦长度。

打击乐器的定音——截取一段金属管，用音频测试软件测出频率后，再根据管长与频率之间的相关关系，利用数学建模的方法，找到一个函数，通过这个函数，准确定位其他频率的音管长度。

5. 加工制作

制作乐器时可根据自己的个性化需求增加乐器部件、调整规格尺寸、选用不同材料和形制。制作过程中要做好记录。

（1）拨弦乐器。

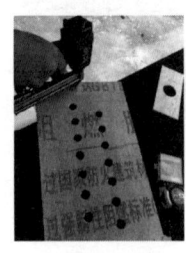

图8　开料

①面板按需要的形状开料：计算好音孔尺寸，按设定好的位置在面板上开出音孔（如图8）。

②在面板上黏合音梁架：选质地较硬的材料做背板、侧板，按照尺寸开料，并在背板上粘梁架。

③打磨平整后，将侧板、面板、背板组装

成共鸣箱。

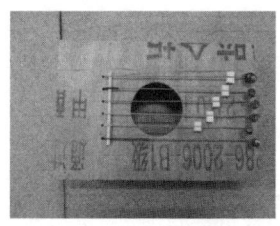

图 9　成品

④上弦钮、弦枕，安装琴弦。

⑤用调音 App 测出频率，带入函数解析式，计算出对应的弦长。

⑥调节弦的张力，逐弦校音，在面板上标记出音高位置，完成制作（如图 9）。

（2）打击乐器。

①开出所需长度的共鸣筒，按比例钻孔（如图 10），位置要端正。

图 10　钻孔

②计算出对应的管长并下料。

③打磨修整后，将发音管按音高顺序依次插入共鸣筒。

④用打锤敲击音管，测音高频率，调整音管长度，逐管校音。

6. 测试、优化

图 11　弹奏测试

将各音校准后，弹奏测试（如图 11），并将测试结果记录在表 3 中。

（1）弹拨乐器。

优点：乐器轻便、小巧；有音高的位置标记，方便找准音位；音的持续性较好，与尤克里里的音色相近。

缺点：音量较弱，音域较窄；由于琴体较小、琴弦长度有限，音与音之间的距离较短，演奏时手指按弦不易把握。

优化建议：增加琴弦长度，扩大音域范围，加宽间距，使手指更易按弦取音。

（2）打击乐器。

优点：演奏方便（演奏时可坐可站立）、简单易学、音色清脆富有特色、音高稳定度和准确度较好。

缺点：敲击发出的声音不够明亮，音质偏硬。

优化建议：尝试改用具有韧性的合金材料做击锤；增大共鸣筒空间，以获得良好的音质及音量。

表3 测试记录表

乐器名称		小组成员	
乐器所属类别		材料工具	
外形描述		音准情况	
音色特点		演奏难度	
工艺制作		便携度	
音级数量		整体印象	
音量		讲解说明	

（四）交流评估

1. 学生评价

各小组利用图片、视频讲解设计方案及制作过程（如图12），展示成品，并简单演奏（如图13），分享探究过程中的心得体会与收获。老师和其他小组成员对作品进行评价，给出改进建议。

图12 制作讲解

图13 表演

2. 评价

利用表 4 进行客观的自评和他评。

表 4 评价量表

评价项目	评价内容	分值（分）	得分（分）
知识储备 （20 分）	了解计算乐器音高位置的生律法	8	
	熟悉乐器的基本组成	6	
	掌握弹拨乐器与打击乐器发声的基本原理	6	
聚焦方案 （30 分）	寻找材料，探索不同材质的鸣奏音色和音高	8	
	对创制乐器进行使用需求调查，收集建议	6	
	讨论对比方案，选定简易乐器的创制方案	8	
	设计创制乐器的基本结构图	8	
动手实践 （30 分）	按选定的设计方案进行制作	8	
	运用数学思想将课堂知识迁移到实际问题的解决中，为创制的乐器计算音高位置	8	
	测试、优化，相互提出改进建议	8	
	制作过程中规范、安全使用工具	6	
表达交流 （10 分）	分享创制简易乐器的思维过程	2	
	讲解乐器的结构与创意	4	
	展示创制的简易乐器，能用制作的乐器表演	4	

续表

评价项目	评价内容	分值（分）	得分（分）
团队协作 （10分）	成员分工协作，积极参与调研、设计、讨论、交流、制作等环节	6	
	总结自己在全部活动过程中的贡献，并分享汇报	4	
总分		100	

（五）拓展研究

在乐器创制过程中，启发学生探究乐器蕴含的诸多科学原理，为后续的研究拓展思路。鼓励学生将现有的电磁学、编程等知识用于解决现实问题。制作过程中，尝试融合信息技术，如数字音频处理、编程软件等知识。下一步可对地方传统乐器进行改良，传承创新。

六、教学反思

本项目需要学生学习材料属性、乐器的共振等物理学知识，了解三分损益法等生律方法，运用数学思想计算音高频率与弦（管）长的函数关系，通过工程设计实现乐器的创制。在探究实践中，学生完整经历了信息采集、数据分析、方案构想、设计制作、测试评价、展示表演等过程。

乐器结构复杂、工艺流程繁复。本项目需要学生利用简单的工具材料，在有限的制作条件下，不断调整、优化方案，努力将自己的想法和创意呈现出来。在探究实践过程中，师生共同学习，了解我国传统民族乐器制作中包含的物理原理、数学思想和乐理知识，将理论知识用于解决实际问题，增强了学生的文化自信。

模拟根毛细胞的吸水和失水

一、项目背景

植物的生长需要水、无机盐、二氧化碳、氧气等物质。植物依靠渗透作用，利用根毛细胞从土壤中吸收水分。当土壤溶液的浓度太大时，植物不仅不会吸水，而且会流失水分。根毛细胞吸水和失水的过程是怎样的呢？因为细胞太小了，所以要观察它的吸水和失水并不容易。能否制作一个模型来模拟这个过程呢？

二、项目目标

（1）认识根尖的结构和功能，知道半透膜的特性，了解碳酸钙与白醋发生化学反应的原理，明白渗透作用的原理。

（2）将数学、物理、化学、生物等学科知识与工程思想融合在一起，采用工程设计思维，利用模型实验法将抽象知识变成实物模型。通过数学方法称量植物细胞吸水、失水的量并得出结论。

（3）培养不断提出问题、解决问题的思维能力，培养运用模型解释生活中现象的习惯。

三、项目适用年级

初中七、八年级。

四、项目课时规划及教学内容

表1 项目课时规划及教学内容

课时	教学内容
第1课时	查阅有关资料
第2课时	制作无壳鸡蛋、植物根毛细胞的模型
第3~5课时	模拟植物细胞吸水和失水的实验,撰写研究报告,交流评估

五、项目实施

(一)团队建设

兴趣社团的成员分小组学习,自由组合。每组选出一个同学任组长,小组成员分工合作。

(二)知识储备

掌握植物根尖的形态结构,渗透作用的原理,碳酸钙与白醋发生化学反应的原理等相关知识,做好知识储备(如图1),为后续研究提供支撑。

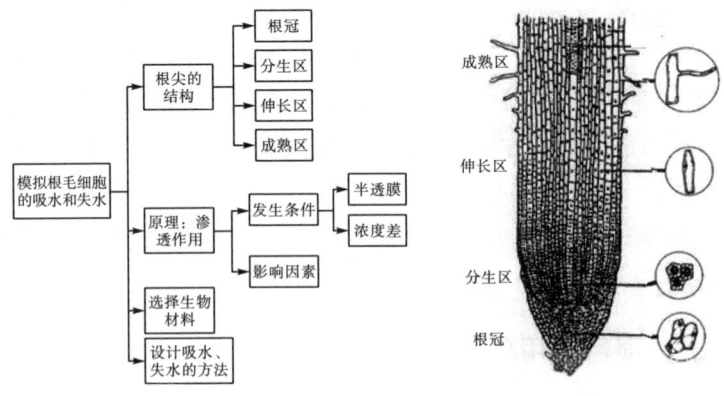

图1 知识储备　　图2 根尖的形态结构

植物根的尖端部分，指根的顶端至着生根毛部分的一段，长4~6mm，是根中生命活动最活跃的部分。在纵向上，根尖的结构一般可以划分为四个部分：根冠、分生区、伸长区和根毛区（成熟区）（如图2）。植物主要的吸水区域就是根尖的根毛区。

1. 碳酸钙与白醋发生化学反应的原理

鸡蛋卵壳包括外壳和内壳膜，外壳主要成分是碳酸钙。实验中要用到卵壳内侧的内壳膜（可以充当半透膜），所以必须把外壳去掉。白醋属于酸性物质，可以用白醋溶解掉碳酸钙，去掉外壳。反应原理：

$$CaCO_3 + 2CH_3COOH == Ca(CH_3COO)_2 + H_2O + CO_2\uparrow$$

2. 渗透作用原理

渗透作用是成熟的植物细胞吸收或者失去水分的常见方式，其原理是植物细胞膜、液泡膜等可以充当半透膜，当膜内外的溶液存在浓度差时，水分子就会从溶液浓度低的一侧透过膜扩散到溶液浓度高的一侧。所以当膜外溶液浓度高时，细胞失水；反之，细胞吸水。

（三）实施过程

1. 将解决的方案可视化

（1）聚焦问题。

一般的细胞太小了，所以要观察它的吸水和失水现象并不容易。能不能选大点的材料呢？选择哪些生物材料来充当半透膜呢？让学生分组查阅半透膜的相关资料，讨论优缺点，运用比较法确定最优提取方法。

（2）探究思路。

通过文献或网络查询可知，生物材料中，猪肠衣、猪膀胱膜、鸡胆囊、鱼鳔膜、鸡蛋卵壳膜等均为半透膜，可作为细胞膜的模拟材料。从操作简便方面考虑，完整的鸡蛋内壳膜是较理想的材料。探究思路如图3。

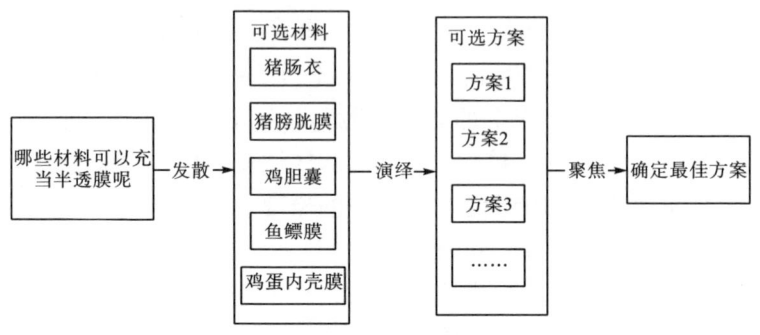

图 3　探究思路

2. 思路方法

鸡蛋卵壳膜是一层半透膜，可模拟细胞膜。由于水分子体积较小，能以自由扩散的形式穿过鸡蛋内壳膜，从溶液浓度低的地方向浓度高的地方运动，即发生渗透作用，清水中的无壳鸡蛋吸水膨胀。这样就模拟了细胞的吸水过程。

白糖能溶解于水中，其主要成分——蔗糖分子体积略大，不能穿过鸡蛋的内壳膜。所以，高浓度白糖溶液中的无壳鸡蛋失水皱缩。这样就模拟了细胞的失水过程。

首先，准备两个水杯做实验容器，分别放两个完好的生鸡蛋，然后加入食用白醋，白醋的量以淹没鸡蛋为宜，每两天换一次白醋。当鸡蛋外壳完全消失后，用无壳鸡蛋模拟细胞膜及膜内结构，用硬纱网缝制模拟细胞壁。最后将模型分别放置于清水和较高浓度的白糖溶液中，观察并称量其质量变化，进而定性地模拟植物细胞的吸水和失水现象。

3. 材料和用具

鸡蛋 2 个、白醋 500 mL、水杯 2 个、白糖、漏勺、清水 500 mL、有一定硬度的塑胶细网、电子天平、针线、剪刀。

4. 方法步骤

（1）查询资料。

①梳理初中七年级学过的关于根尖结构和功能，根毛细胞的基本结构和吸水、失水的条件等知识。

②理清概念——渗透作用。

③通过网络或文献查询，了解可以模拟细胞膜吸水功能的各种半透膜材料，记录下来，并写下对其作为根毛细胞的模拟材料的可行性的分析。

④将查询和思考所得制作成PPT。

（2）小组合作，制定实施方案（见表2）。

表2　小组实施方案

项目名称	模拟根毛细胞的吸水和失水
材料	鸡蛋2个、白醋500 mL、水杯2个、白糖、漏勺、清水500 mL、有一定硬度的纱网
工具	电子天平、针线、剪刀
材料成本	预估即可
项目进度	第一阶段（2课时）：明确目标，查阅有关资料，交流； 第二阶段（3~4天）：制作无壳鸡蛋； 第三阶段（2课时）：制作植物根毛细胞的模型； 第四阶段（1课时）：模拟植物细胞吸水和失水的实验； 第五阶段（1课时）：总结交流，撰写小论文

（3）实施方案。

①制作两个无壳鸡蛋。

把两个完好的鸡蛋（如图4）分别放入装了半杯白醋的两个杯中（如图5，白醋量应能淹没鸡蛋），为保证实验效果，每两天换一次白醋，持续观察3~4天，直到鸡蛋外壳完全消失（如图6）。为防止鸡蛋变质，将实验装置放在4℃的冰箱里进行实验。

 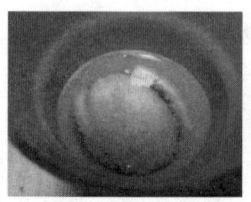 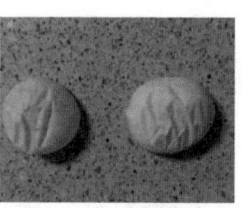

图4　完好的鸡蛋　　图5　浸泡于白醋中的鸡蛋　　图6　无壳鸡蛋

②制作两个模拟用的植物细胞。

比照一个完整鸡蛋的纵横径做长方体模拟细胞壁。用剪刀将塑料细网剪出长方体的六个面,用针线将其中五个面缝好(如图7)。用漏勺小心地取出白醋中的一个无壳鸡蛋,缓水流冲掉表面的白醋,轻轻地放进塑料细网围成的长方体"细胞壁"中(如图8),再用针线缝好第六个面,使其成为完整的植物根毛细胞的模型。然后再做第二个模型。

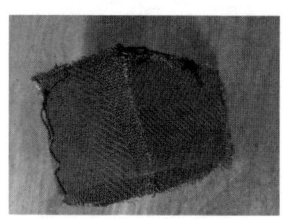 

图7　模拟细胞壁　　　　图8　将无壳鸡蛋放进"细胞壁"

③模拟根毛细胞的吸水与失水。

分别称量两个模型的质量(第一次测量),并记录在表3中。再将两个装置小心地分别放入一杯清水和一杯浓度为60%的白糖水中,每隔3小时测量一次质量,记录在表3中。对比两个装置的质量变化特点。

表3 实验记录表（数据仅供参考）

质量 方案 时间	放入清水的装置	放入浓度为60%的白糖溶液中
开始	48.7g	50.2g
3h后	51.6g	47.7g
6h后	52.4g	46.0g

④得出实验结论。

由实验数据可知，放入清水的装置因吸水而质量增大，放入浓度为60%的白糖水的装置因失去水分而质量变小，这个现象与植物根毛细胞在土壤溶液浓度小于细胞内溶液浓度时，根毛细胞吸水；反之，根毛细胞就失水的自然现象一致。所以鸡蛋模型能够达到预期的演示效果。与其他实验取材（如鱼鳔、鸡胆囊、猪肠衣等）相比，将鸡蛋作为主要实验材料，实验操作较简便，效果也比较理想，可以作为成功的方案进行推广。

（四）交流评估

1. 成果发布

通过对比实验，将研究成果向同学、教师和专家展示，同时发表文章、参加创新类比赛，与校外同龄人交流和竞赛。

2. 评价

利用表4评价量表进行自评和他评。

表4 评价量表

评价项目	评价内容	分值（分）	得分（分）
知识储备（20分）	认识根尖的结构和功能	7	
	了解碳酸钙与白醋发生化学反应的原理	7	
	说出渗透作用的原理	6	

续表

评价项目	评价内容	分值（分）	得分（分）
聚焦方案 （30分）	将数学、物理、化学、生物等学科知识与工程思想融合在一起，讨论方案	5	
	对比不同方法的优缺点，确定一种最优方案	5	
	写出方案实施的具体步骤或者画出流程图	5	
	列出影响实验效果的因素	5	
	讨论并明确探究渗透作用的实施方案	5	
	列出在项目实施过程中的注意事项及安全措施	5	
动手实践 （30分）	根据方案设计，寻找合适材料，成功制作细胞模型	8	
	能配备实验溶液，正确操作实验，并详细记录下实验现象和数据	6	
	整理实验数据，得出相应结论	4	
	系统梳理项目的各个环节，总结反思	8	
	项目实施过程中规范、安全使用各种器材，制作完成后收拾整理实验桌，将实验器材归位	4	

续表

评价项目	评价内容	分值（分）	得分（分）
表达交流（10分）	制作 PPT（或海报、说明书）介绍自己的模型和结论	3	
	上台展示自己的模型和数据，分享自己的设计思路	3	
	作品设计新颖、有创意	4	
团队协作（10分）	成员分工协作，积极参与设计、讨论、交流、制作等环节	6	
	总结自己在全部活动过程中的贡献，并分享汇报	4	
	总分	100	

（五）拓展延伸

尝试设计不同的浓度梯度，探究细胞失水或吸水的速率与外界浓度的关系。例如，制作四个植物根毛细胞的模型，分别放在不同浓度的外界环境中，每隔一段时间测量一次质量变化，记录在表 5 中，并分析实验结果。

表 5 实验记录表

外界溶液浓度（g/mL）	模型质量（g）					
	初始	0.5h	1h	2h	3h	5h
0						
0.1						
0.2						
0.3						
0.4						

六、教学反思

本案例用常用材料设计实验,将抽象的现象模型化,容易激发学生的兴趣。学生在合作实验的过程中,较深地体验了如何查阅文献和实验探究;在聆听和思考、批判质疑、修正完善方案的过程中体验了科学探索的快乐,也体验了科学家工作的辛苦,同时,锻炼了语言概况能力和分析决策能力。另外,本案例还能让学生感受到在多门学科课堂里学到的知识不是独立的,而是交叉互通的,是能在真实的生活中拿来解决问题或解释问题的,并且对 STEM 有了一定程度的理解。

实验细节方面,小组之间选择的实验材料有一定差异,比如鸡蛋壳的薄厚、鸡蛋大小、不同品种的鸡蛋的蛋白质含量、实验时间等略有不同,造成不同组别测出的数据各不相同;另外,在鸡蛋浸泡在白醋的过程中,会有部分水分进入鸡蛋内部,所以从科学角度分析,需要学生了解在这个阶段实质上已经开始发生渗透作用了,并不是将实验模型浸泡到水中或白糖溶液里后才开始有水分的渗透的。所以要让学生清楚本实验作为模型演示实验,虽然有具体数据却只能推理出定性的解释。

探究温度对加酶洗衣粉洗涤效果的影响

一、项目背景

1907年德国人汉高发明了衣物洗涤剂，从此洗衣粉在我们的生活中起着不可或缺的作用。为什么洗衣粉能够将衣物上的污渍快速清洗干净呢？仔细观察洗衣粉的配方，一般含有表面活性剂、水软化剂等。表面活性剂能够降低水的表面张力，产生泡沫使油脂分散开，水软化剂能够中和硬水中的钙、镁离子，提高表面活性剂的去污能力。除此之外，为了增强洗涤效果，市面上的洗衣粉大多还添加了蛋白酶、脂肪酶、淀粉酶、纤维素酶等酶制剂，能将蛋白质、脂肪、淀粉等污渍分解为小分子的单体，从而从衣物上脱落，快速将衣物清洗干净。由于添加了生物酶制剂，改变温度等理化条件来影响酶活性，就可显著影响洗衣粉的洗涤效果。因此，某些洗衣粉在使用说明上就写了"温水使用效果更佳"，而有的则号称"冷水洗衣粉"。那么，到底什么温度的水洗衣服最合适呢？让我们走进实验室，一起探究温度对酶活性的影响。

二、项目目标

（1）了解洗衣粉的洗涤原理及影响酶活性的因素，探究温度对 α－淀粉酶活性的影响，绘制 α－淀粉酶活性随温度变化的曲线图；掌握相关生物学技术和相关软件的操作，如培养基的制作、色标传感器的使用等。

（2）基于本项目设计淀粉酶活性检测方案及技术路线，体验"工程设计—计划实施—迭代优化—成果发布—拓展延伸"的科学研究过程；基于问题探究影响酶活性的因素，探究温度、酸碱度、酶抑制剂等因素对酶活性的影响，了解生物催化剂的使用条件。

（3）用前沿生物学技术（如传感器法、酶固定化法等）探究温度对酶活性的影响，认识到科学的发展离不开技术的革新；设计创新性方案探究影响酶活性的因素，了解生物催化剂在生活中的应用，给出洗衣粉的使用建议。

（4）在科学探究的过程中，了解生物、化学、数学、计算机等学科不可分割的特性，形成跨学科思维。在迭代实验的过程中，不断检测并修正模型，培养批判性思维。

三、项目适用年级

高中一、二年级。

四、项目课时规划及教学内容（见表 1）

表 1　项目课时规划及教学内容

课时	教学内容
第 1 课时	调研市面上加酶洗衣粉的配方，提出影响洗衣粉洗涤效果的可能性因素，确定课题
第 2~3 课时	设计实验方案，进行实验探究
第 4~6 课时	头脑风暴，改进实验方案，开发、创新检测产品
第 7 课时	处理数据，得出结果
第 8 课时	撰写研究报告，展示交流

五、项目实施

(一) 团队建设

四人为一组（由不同学科背景、不同特点的学生组成），并选出一个组长。组员的具体分工如表2。

表2 组员的具体分工

组员	主要任务
组员一（组长）	整体规划＋组织实验
组员二	搜集资料＋设计方案
组员三	设计方案＋实施实验
组员四	实施实验＋数据分析

(二) 知识储备

1. 知识地图

教师提供思维导图，指导学生做好知识储备，如图1。另外，以任务驱动的方式引导学生查找影响洗衣粉洗涤效果的相关因素及检测方法，为后续设计实验方案提供理论支撑。

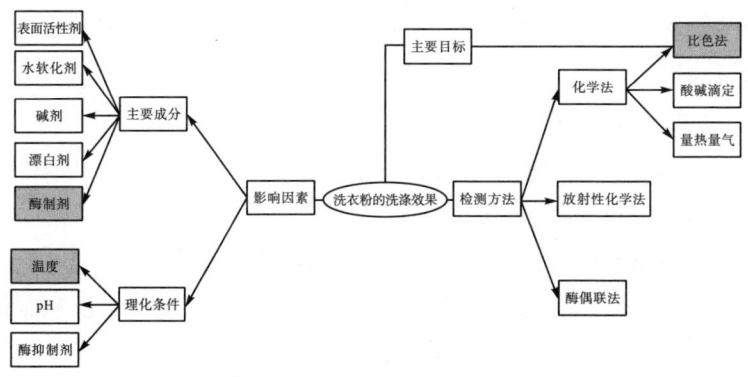

图1 知识储备

2. 知识储备

绝大多数酶的本质是蛋白质，其催化活性易受温度、酸碱度、酒精、重金属离子等多种因素的影响。酶的催化活性可以通过单位时间内单位体积中底物的减少量或产物的增加量来表示，检测方法一般有化学法、放射性化学法、酶偶联法等。

（1）化学法。

此法是利用化学反应使产物变成可用某种物理方法测定的化合物。例如，可以根据比色、酸碱滴定、量热、量气等方法计算酶活性。常用的检测淀粉酶活性的方法是比色法，淀粉与 $KI-I_2$ 溶液发生显色反应后，通过紫外分光光度计测定 620nm 的 OD 值，再与淀粉梯度标准曲线对照计算酶活力。

（2）放射性化学法。

此法是使经同位素（常用的有 H-3、C-14、P-32、S-35、I-113）标记的底物参与反应，反应结束后通过层析或者电泳将反应物与产物分离，然后通过测定底物或产物的放射性即可检测酶活性。

（3）酶偶联法。

此法是在反应体系中加入一个或几个工具酶，将待测酶生成的某一产物转化为新的可直接测定的产物，当工具酶的反应速度与待测酶的反应速度达到平衡时，可以用工具酶的反应速度来代表待测酶的活性。

（三）实施过程

1. 将解决的方案可视化

（1）聚焦问题。

某些洗衣粉在使用说明上提出"温水使用效果更佳"，但另一些则以"冷水洗衣粉"为卖点，到底用什么温度的水洗衣服最合适呢？

（2）研究思路（如图2）。

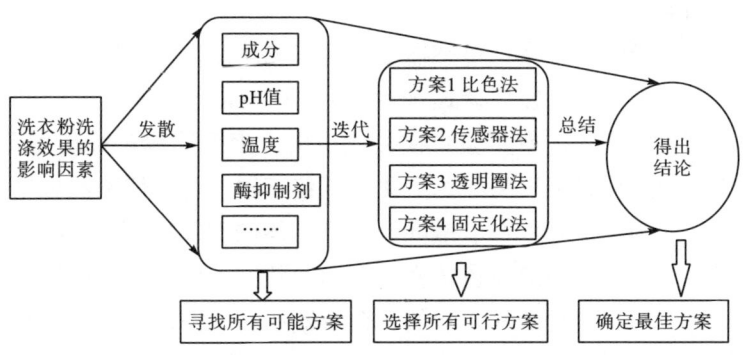

图 2　研究思路

2. 实验探究及迭代优化

（1）第一代方案：用变色法定性观察酶活性（如图 3）。

实验方案：取 10 只试管，分别编号为 1、1+、2、2+、3、3+、4、4+、5、5+。在 1 至 5 号试管中装入 2mL 的 0.1g/mL 的淀粉溶液，在 1+至 5+的试管中加入 2mL 的 0.001g/mL 的 α-淀粉酶溶液。将 1、1+试管放于 0℃环境中，2、2+试管放于 20℃环境中，3、3+试管放于 40℃环境中，4、4+试管放于 60℃环境中，5、5+试管放于 80℃环境中，处理 5 分钟，均保温到对应温度。然后，分别将淀粉酶溶液加入处于同一温度的淀粉溶液中，反应 2 分钟，依据淀粉遇碘液变蓝的原理定性检测酶活性，实验结果如图 4。

图 3　用变色法定性观察酶活性

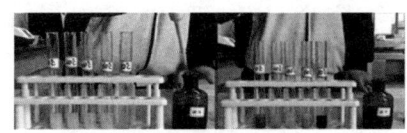

图 4　实验结果

提出问题：根据淀粉遇碘变蓝的原理，观察不同温度下溶液颜色变蓝的情况，定性推断淀粉酶活性，但不同个体对颜色的感受不一样,因此实验仅停留在定性层面。能否统一颜色标准,定量检测酶活性呢?

(2)第二代方案:传感器法定量检测酶活性(如图5)。

实验方案:制作便携式α-淀粉酶检测装置,通过传感器将定性实验转变为定量实验。在装置中引入聚焦镜和色标传感器,聚焦镜通过反光强度将颜色变化传至传感器,色标传感器可将光信号转变为电信号,在显示屏上显示具体的RGB读数。RGB读数将第一代方案中的颜色转变为具体的数字,即定量检测颜色变化。将淀粉、淀粉酶和碘液的混合溶液放在水浴锅中加热,并通过上述装置时刻监测酶活性,记录色标读数变化。实验结果如图6。

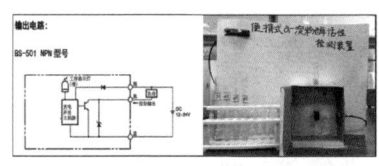

图5 用传感器法定量检测酶活性

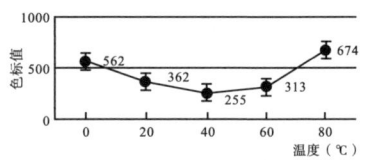

图6 实验结果

提出问题:通过比色检测将颜色变化转变为RGB读数,实现将定性检测变为定量检测,但实验数据易受外界光线影响且实验结果不够直观,与中学生认知规律有一定差距。是否有更直观的检测方案呢?

(3)第三代方案:分解圈法定量检测酶活性(如图7)。

实验方案:取2g淀粉、3g琼脂,加入200mL水配制成0.01g/mL的淀粉琼脂培养基,冷却凝固后加入10mL碘液制成蓝色的淀粉-淀粉酶-碘液培养基;取2g淀粉酶,加入200mL水配制成0.01g/mL的淀粉酶溶液,滴于滤纸上制成含酶滤纸片。将含酶滤纸片置于培养基上,分别放置在0℃、20℃、40℃、60℃、80℃的恒温箱中培养30秒,然后取出培养基。可以看到,滤纸周围的淀粉被α-淀粉酶水解,滤纸的蓝色逐渐褪去,形成了透明的分解圈，测量分解圈直径即可定量检测酶活性。实验结果如图 8。

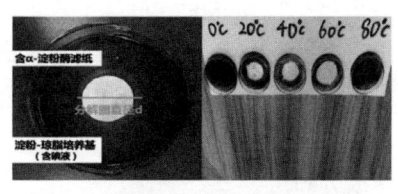

图 7　分解圈法定量检测酶活性

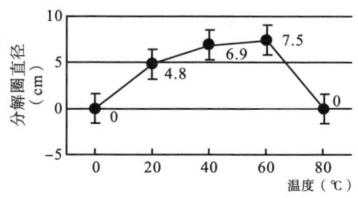

图 8　实验结果

3. 数据处理、结果分析、得出结论

收集实验结果，记录不同温度下的酶活性，绘制 α－淀粉酶活性随温度变化的曲线。通过结果对比可知，三种方案得到的结果一致。本实验所用的中温 α－淀粉酶在 40～60℃ 之间具有较高催化活性。

（四）交流评估

1. 成果展示

制作数字化资料演示，将研究成果向同学、老师、专家汇报并答辩。

2. 评价

利用表 3 评价量表进行自评和他评。

表 3　评价量表

评价项目	评价内容	分值（分）	得分（分）
知识储备（20 分）	了解洗衣粉的洗涤原理	5	
	了解影响酶活性的可能因素	7	
	掌握检测酶活性的一般方法	8	

续表

评价项目	评价内容	分值（分）	得分（分）
聚焦方案 （30分）	设计检测α－淀粉酶活性的实验方案和检测装置	6	
	讨论并确定实验方案的温度梯度和范围	6	
	写出方案实施的具体步骤或者画出流程图	6	
	控制无关变量对实验结果的干扰并做好预案	6	
	列出在项目实施过程中的注意事项及安全措施	6	
动手实践 （30分）	根据方案设计，探究温度对α－淀粉酶活性的影响	8	
	迭代实验，改进实验方案和检测装置，优化检测方法	8	
	正确操作并记录实验数据	6	
	整理实验数据，绘制曲线图，得出结论	6	
	项目实施过程中规范、安全地使用各种器材，实验完成后整理实验桌，将实验器材归位	2	
表达交流 （10分）	制作PPT，介绍研究成果	3	
	实验方案或者检测装置新颖、有创意，实验结果准确	4	
	汇报材料科学严谨，语言表达清晰、有条理	3	

评价项目	评价内容	分值（分）	得分（分）
团队协作 （10分）	成员分工协作，积极参与设计、讨论、交流、制作等环节	6	
	总结自己在全部活动过程中的贡献，并分享汇报	4	
	总分	100	

（五）拓展延伸

1. 探究其他因素对酶活性的影响

加酶洗衣粉洗涤效果除了受温度影响，还会受哪些因素影响？你能借鉴以上方法继续探究其他因素对酶活性的影响吗？（如图9）

拓展1：探究pH值对α-淀粉酶活性的影响　　拓展2：探究酶抑制剂对α-淀粉酶活性的影响

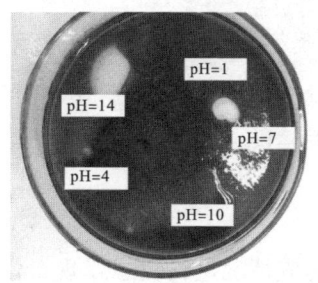 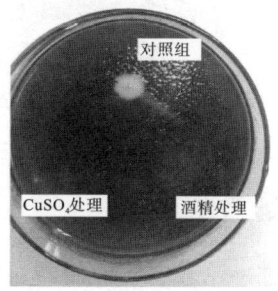

图9　探究 pH 值和酶抑制剂对淀粉酶活性的影响

2. 以"酶"为笔，进行生物绘画

第三代方案用分解圈法检测酶活性，非常具有创新性，同时也发现对于颜色反应，可用酶液为笔，在淀粉—碘液培养基上作画。可据此设计一节兴趣拓展课，让同学们发挥创造力，创作生物绘画，如图10。

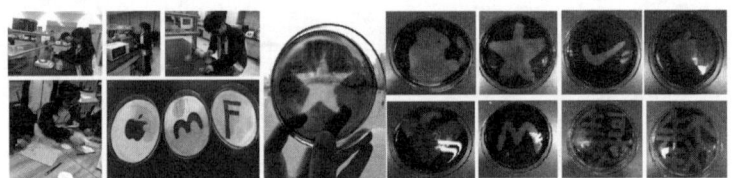

图 10　兴趣拓展之酶笔作画

3. 撰写洗衣粉使用建议

通过小组汇报，分享研究成果，归纳影响洗衣粉洗涤效果的因素，为洗衣粉生产厂家撰写一则使用建议。图 11 为某位学生为洗衣粉生产厂家撰写的一则使用建议。

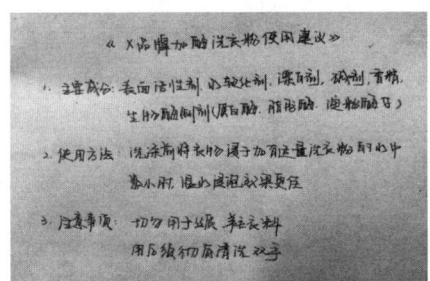

图 11　某位同学为洗衣粉生产厂家
撰写的一则使用建议

六、教学反思

经过一轮教学实践后，对目标达成情况进行反思发现：学生运用化学（碘液检测淀粉剩余量）、数学（绘制酶活性-温度曲线图）、工程（传感器的连接和使用）的知识探究了生物学领域的问题，创造性地设计并制作了三代可检测 α-淀粉酶活性的装置，实践了科学研究的一般流程，在不断检测和修正的过程中培养了工程学思维和批判精神，实现了 STEM 教学的有效整合，达到了本次教学实践的目标。

本次研究过程存在以下三个维度的优化创新。

（一）技术优化

将传感器技术引入生物测量领域，利用色标传感器替代紫外分光光度计，大大简化了操作流程，实现了酶活性的实时监测。

（二）原理优化

通过分解圈法将颜色变化转变为显色圈直径变化，大幅度改进了检测思路，使反应更形象直观。

（三）性能优化

通过固定化技术将淀粉酶固定到试纸上，实现了催化剂的循环利用，在降低实验成本的同时使酶活性的检测更便捷。

此次研究过程也存在一些问题，但经过头脑风暴也有了一些解决思路。接下来会继续优化酶活性检测装置，例如通过编程技术将色标传感器的读数与电脑相连接，直接绘制出酶活性变化曲线，减少人为操作的不确定性，实现酶分析的自动化。

"浮力产生原因"演示装置

一、项目背景

"浮力产生原因"是《物理》教科版八年级下册第十章第二节"认识浮力"中的内容,也是该节课的难点。学生对浮力有较多感性认识,但对浮力产生的原因难以理解,该知识点的讲授需要理论分析和实验观察相结合。常规的教学是播放视频让学生观察分析,学生缺少直观感受和体验,因此希望自制一个器材在课堂上做实验演示。

二、项目目标

(1)理解浮力产生的原因,知道浮力是压力的合力。

(2)能绘制简单的实验装置图,选取合适的材料制作实验器材,培养独立思考和动手的能力。

(3)学会团队协作,通过交流、合作等完成任务,培养团队意识和责任感。

(4)以物理知识为主,运用数学、材料学等知识完成实验器材的制作,建立跨学科思维,培养跨学科学习能力。

三、项目适用年级

初中八年级。

四、项目课时规划及教学内容（见表1）

表1 项目课时规划及教学内容

课时	教学内容
第1课时	查阅资料，收集已有的"浮力产生原因"的实验装置，并寻找合适的制作材料
第2课时	小组内交流方案，确定最优方案。绘制设计图，列出材料清单，计算制作成本，讨论制作流程
第3课时	制作实验器材，交流、讨论、改进

五、项目实施

（一）团队建设

四人一组，选出组长，并明确每个组员的角色和主要任务，如表2。

表2 组员的角色和主要任务

角色	主要任务
组长	负责整个团队的任务分派，协调团队内部事宜。带领组员查阅资料，设计制作方案，和组员一起制作正方体
工程师1	寻找制作正方体的材料和方法，完成正方体的制作
工程师2	寻找特制水缸的制作材料和方法，完成水缸的制作
美工师	负责工程图绘制和实验拍摄、剪辑

（二）知识储备

利用图书馆、网络等途径查找已有的"浮力产生原因"实验装置，了解所需材料、制作流程等知识，为实验器材制作提供理论支撑，做好知识储备，如图1。

浮力产生的原因：液体对浸入其中的物体的四周都会产生压

强。但由于液体内部的压强随深度的增加而增大，因此物体受到的向上的压力要比其受到的向下的压力大。这些压力共同作用，就出现了一个作用于这个物体的向上的力，即浮力。

压强：$P = \rho g h$。

压力：$F = PS$。

浮力产生原因：$F_{浮} = F_{向上} - F_{向下}$。

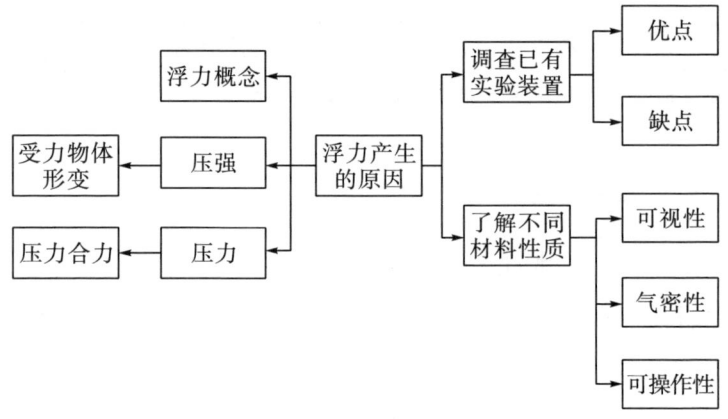

图1　知识储备图

（三）实施过程

1. 小组讨论，确定理想方案

小组内分享收集的"浮力产生原因"实验装置，介绍所需材料、优缺点和制作流程。通过对不同方案的对比，学生对不同材料、工艺流程、实验效果等有了更深刻的认识。最后，小组集体讨论确定最优方案（此次选择用正方体和水缸完成实验），要求材料易找、制作简便、效果明显。

2. 确定理想方案的理论根据

（1）压力作用效果——物体发生形变。

液体压力作用效果是使物体发生形变，为增强观察效果，应使用易发生形变的橡皮膜。

（2）液体压强与液体深度有关。

液体深度越深，液体压强越大。物体浸在液体中，不同表面所处深度不同，所受压强和压力大小也不同，需要制作正方体研究不同表面所受压力。

3. **理想方案的实施**

（1）设计图。

画出正方体和水缸的设计图，如图2和图3。

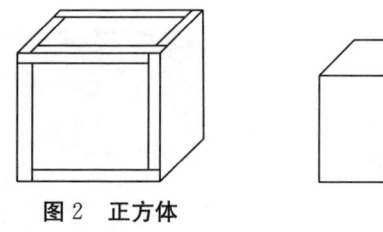
图2　正方体
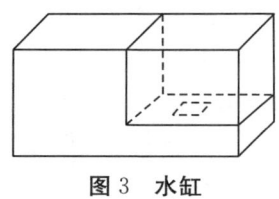
图3　水缸

（2）材料和用具。

水缸、木条、橡皮筋、透明薄膜、气针、输液管、热熔胶枪、胶棒、锡箔纸。

（3）制作。

①制作正方体。

用木条制作边长为10cm的正方体框架，为方便橡皮薄膜的稳定，在正方体每一面都划上凹槽，方便用橡皮筋固定薄膜。

②固定薄膜。

为方便观察实验现象，选取弹性强、不易破的透明薄膜，用橡皮筋固定在正方体每一面上，注意让橡皮筋套入凹槽中，如图4。

③用气针和输液管连通正方体内外气体。密封好的正方体内部有气体，将正方体放入水中后，其内部气压会影响外部液体压强对薄膜的作用。为突出主要因素的影响，需要减小内部气体压强，用气针和输液管连通正方体内外气体，如图5。

 基于STEM的PBL教学案例

图4 用橡皮筋固定薄膜

图5 带气针和输液管的正方体

④平整底部。

由于正方体上套有橡皮筋,所以正方体无法在平面平稳放置,需在其中一面打上热熔胶,再在锡箔纸上压平,作为底部,如图6。注意加热熔胶时要防止烫坏薄膜,加热熔胶的位置最好在正方体的表框上,防止热熔胶溢出遮盖薄膜,减少观察范围。

图6 平整底部

⑤特制水缸。

为更好解释浮力产生原因,需要一个特制水缸。该水缸由小缸和大缸两部分组成,小缸下方有一个比正方体略小的孔,小缸放置的方式如图7。

图7 特制水缸

（4）实验操作。

①往小缸中加水。

将正方体放入小缸中（如图8），并往小缸中加水（如图9），可观察到正方体无法浮起，其前、后、左、右和上方的薄膜都发生了凹陷。

图8　将正方体放入小缸中

图9　往小缸中加水

②往大缸中加水。

往大缸中加水（如图10），观察到正方体下表面发生了形变，当水加到一定程度时，正方体浮了起来，如图11。

图10　往大缸中加水

图11　正方体浮了起来

③将正方体完全浸没在水中。

当正方体完全浸没在水中时，可观察到其六个面都发生了形变。下表面的形变不易观察到，可利用水槽底部的平面镜，借助光的反射观察。

正方体前、后、左、右四个面的薄膜形变程度相同（如图12），方向不同，说明液体对薄膜的压力大小相同，方向相反，互相抵消；上表面薄膜的凹陷程度小（如图13），下表面薄膜的凹陷程度大（如图14），凹陷方向相反，说明下表面受到的压力大于上表面受到的压力。

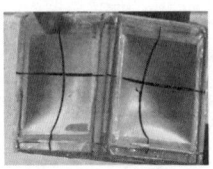 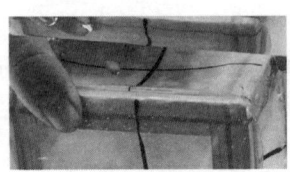 

图 12　四周薄膜形变程度　　图 13　上表面薄膜凹陷程度　　图 14　下表面薄膜凹陷程度

4. 得出结论

经过两次对比试验，可以直观感受到浮力产生的原因就是液体对上下表面产生了压力差。

（四）交流评估

1. 成果发布

（1）实验效果评比。各个小组展示自己的实验器材，将正方体放置在水缸中进行实验，看哪一组的实验效果最明显，评选最佳实验奖。

（2）制作"浮力产生原因"实验视频，交流实验心得。

（3）交流实验过程中的困惑和可以改进的地方，例如，有无简便的正方体制作方法？薄膜是否有更好的替代材料？水缸太大，操作笨重，有无更简便的装置？

2. 评价

利用表 3 评价量表进行自评和他评。

表 3　评价量表

评价项目	评价内容	分值（分）	得分（分）
知识储备（20分）	了解与浮力产生原因相关的知识	7	
	熟悉一种"浮力产生原因"的演示装置的制作技术与方法	7	
	画出相关知识的思维导图	6	

续表

评价项目	评价内容	分值（分）	得分（分）
聚焦方案 （30分）	查阅并提出至少一种"浮力产生原因"的实验装置的制作方法	6	
	讨论并确定一种最优方案，并说明原因	8	
	写出方案实施的具体方法或者画出流程图	8	
	列出制作经验或创新点	8	
动手实践 （30分）	按照方案进行"浮力产生原因"实验装置的设计、制作	8	
	测试、改进装置	8	
	分析影响实验效果的原因，对比不同作品、不同材料、不同排气对实验效果的影响	6	
	制订迭代优化方案并改进作品	4	
	实验过程中规范、安全使用各种工具，制作完成后将工具、材料整理好	4	
表达交流 （10分）	制作出"浮力产生原因"演示装置	3	
	制作PPT，利用图片、视频等分享、展示作品	3	
	收集、整理数据，得出演示效果最佳的方案	4	

续表

评价项目	评价内容	分值（分）	得分（分）
团队协作 （10分）	成员分工协作，积极参与设计、讨论、交流、制作等环节	6	
	总结自己在全部活动过程中的贡献，并分享汇报	4	
	总分	100	

（五）拓展延伸

该实验装置的制作过程和水透镜类似，思考能否利用学到的知识制作一个水透镜，加深对眼睛成像的理解。

六、教学反思

该套实验装置很好地解决了教室无法演示"浮力产生原因"的问题，且实验易操作、实验现象明显、可实施性强。但是正方体的制作略复杂，需要求助专业的木工来完成，可以改进为由铁丝或乐高玩具搭建。另外，每面薄膜的固定制作复杂，且每张薄膜初始形变不同，可改为用一张大薄膜蒙住正方体四面，另外两面单独固定的方式。如何简化制作流程？有无简便的正方体制作方法？薄膜是否有更好的替代材料？水缸太大，操作笨重，有无更简便的装置？这些问题都值得再思考，以便改进实验装置。

本项目完全契合STEM教育理念——用科学的方法解决真实的问题，且在实施的过程中培养了学生发现问题、分析问题和解决问题的能力。

假如我流落荒岛

一、项目背景

《鲁滨孙漂流记》是一部影响很大的文学名著。书中的主人公鲁滨孙在一次意外的航海事故中,流落到了一个与世隔绝的荒岛上,凭借其坚忍的意志、积极的进取精神、出众的求生技能,在荒岛上顽强地生存了下来,经过 28 年 2 个月零 19 天后得以返回故乡……

《鲁滨孙漂流记》是作家笛福受到一个真实故事的启发而创作的。我们不禁想问,循着书中信息的引导,我们真能找到那个荒岛吗?假如我们也流落到那个荒岛,又会如何求生呢?现在,让我们一起穿越书本,以《鲁滨孙漂流记》为指引,重返书中的荒岛,开启荒岛求生的挑战之旅吧!

二、项目目标

(1)了解《鲁滨孙漂流记》的故事梗概和创作背景,鲁滨孙第四次航海路线——中南美洲东岸贸易航线,加勒比海小安的列斯群岛的热带海洋气候。能够应用正余弦函数计算出荒岛位置,通过比例尺和比例换算,计算出荒岛的经纬度。

(2)能够梳理、绘制鲁滨孙第四次航海线路图;能够绘制荒岛地形地貌图,并完成荒岛环境观测报告;学习、掌握一定的野外求生技能，如钻木取火、撒网捕鱼、净化淡化海水等；能够总结归纳各种求生方法，策划实施求救方案。

（3）能够体会鲁滨孙战胜困难、顽强生存的积极生活态度；感知学识和智慧的力量，激发内在持续学习的动力；思辨地认知人与自然的关系，人与社会的关系。

（4）激发自我团结协作精神和自主管理意识；通过严苛的考验，激发内在潜能，培养顽强、坚毅的品质。

三、项目适用年级

初中和高中年级。

四、项目课时规划及教学内容（见表1）

表1　项目课时规划及教学内容

课时	教学内容
第1~2课时	确定荒岛在哪里
第3~4课时	画出荒岛是什么样的
第5~10课时	设计"怎么活下去"的方案
第11~12课时	逃离荒岛

五、项目实施

（一）团队建设

整个项目以游戏化模式进行管理、反馈、推进、评价等。

1. 剧情线

学生自由组合成一只科考船队（不少于四人），重返荒岛。船队遇难后，船队成员设法在荒岛上生存下来，并完成"荒岛环境测绘、物种统计"等科考任务，最后设法成功逃离荒岛。

2. 角色及分工（见表2）

表2 角色及分工

角色	人员	职责
先知	教师（可配助教）	调控剧情，监测评价
船长	学生一	统筹安排，管理决策
科学家	学生二（可有多名）	观察记录，科学探究
水手	学生三（可有多名）	操作协助，技能担当
厨师	学生四（可有多名）	物资管理，生存保障

3. 游戏机制

每支船队有一个生命值，生命值由道具"沙漏"呈现，生命值是生存状态和任务完成情况的实时反映。随着时间的消耗，船队的生命值会减少。每完成一个小任务，船队会获得相应的食物补给，吃下食物便可以翻转沙漏，延续生命。如果生命值消耗殆尽，则该船队挑战失败。游戏机制示意图如图1。

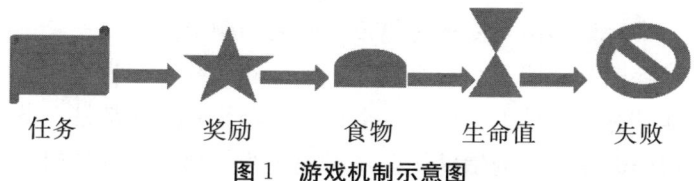

图1 游戏机制示意图

（二）知识储备

《鲁滨孙漂流记》故事梗概：英国青年鲁滨孙不安于平庸的生活，背着父亲悄悄逃到海外经商，几经磨难，来到巴西成了种植园主。后来，他在一次到非洲购买黑奴的途中遇上风暴，船上的人都葬身海底，唯有他一人漂到了一个无人荒岛得以奇迹般地活了下来。在岛上，他表现出不知疲倦、百折不挠的毅力，依靠智慧和劳动猎取食物，修建住所，制造工具，种植谷类，驯养山羊，改善了环境。独自生活了 28 年后，一艘英国船来到该岛附近，他才得以返回故乡。

罪恶的"三角贸易"航线：鲁滨孙的第四次航海路线就是知名的"三角贸易"航线的一段分支。15 世纪至 16 世纪，欧洲人在加勒比群岛和巴西地区开办了大型甘蔗种植园，发展制糖业。随着规模的不断扩大，对劳动力的需求也不断扩大。当时欧洲专门从事奴隶贸易的公司，用运奴船将廉价商品和枪支弹药从西欧港口运到西非海岸；在西非，用货物换取黑奴，然后横渡大西洋到达美洲；在美洲，卖掉黑奴后，把得来的金银和生产原料运回欧洲，这就是罪恶的"三角贸易"。大西洋奴隶贸易持续了四百多年，数千万非洲人从西非海岸被卖到了南美洲和北美洲。

加勒比海小安的列斯群岛气候：笛福将鲁滨孙流落的荒岛设置在小安的列斯群岛附近，这里的气候决定了鲁滨孙的生存条件。小安的列斯群岛是位于加勒比海西印度群岛中安的列斯群岛东部和南部的岛群，属于热带海洋性气候，全年温差较小，最冷月在 25℃ 以下，全年降水量皆多，夏秋两季比较集中，无明显干季，常有地形雨，夏秋时热带气旋活动频繁。

经纬度：经线与纬线组成的一个坐标系统，称为地理坐标系统，能够标示地球上的任何一个位置。经线和纬线都是人类为度量方便而假设出来的辅助线。每一根经线、纬线都有其相对应的数值，称为经度、纬度。

比例尺：表示图上一条线段的长度与地面相应线段的实际长度之比。

游戏开始前，学生应按照知识结构框架图（如图 2）做好知识储备。

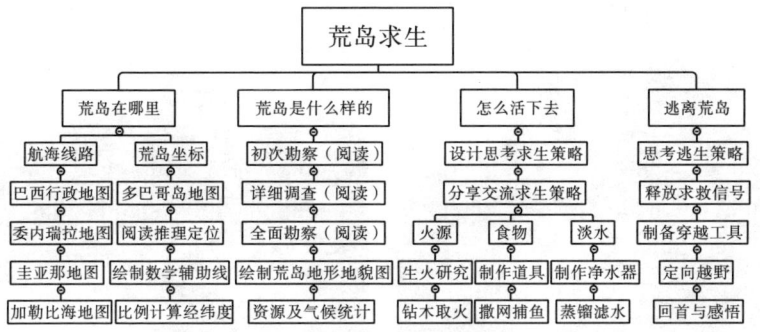

图 2 知识结构框架图

（三）实施过程

1. 材料准备

小课题一"荒岛在哪里"所需材料：沙漏、面包、水果、《鲁滨孙漂流记》（人民文学出版社，P34~P39、P199~P200、P210）、中南美洲地图、巴西地图、委内瑞拉地图、圭亚那地图、加勒比海地图、小安的列斯群岛地图、特立尼达和多巴哥地图、经纬度文献资料。

小课题二"荒岛是什么样的"所需材料："鲁滨孙漂流记"（人民文学出版社，P48~P50、P90~P94、P99~P100、P101~P104）、特立尼达和多巴哥气候资料。

小课题三"怎么活下去"所需材料：钻木取火套件、钻木取火阅读材料、净水器套件、沙漏、面包、水果。

小课题四"逃离荒岛"所需材料：《鲁滨孙漂流记》（人民文学出版社，P127—P131、P258—P261）、沙漏、面包、水果、木材（或其他天然燃料）、水、打火石套件。

2. 寻找荒岛在哪里

（1）引入主题。

通过《鲁滨孙漂流记》引入主题——"假如我流落荒岛"，向学生讲解荒岛求生挑战活动课程的概况及游戏机制，组织学生分组成立船队,并分配角色,如图3。

图3 分组、分角色

图4 阅读资料

(2) 发布第一个任务——还原鲁滨孙第四次航海线路图。

各队利用所获资料《鲁滨孙漂流记》(人民文学出版社,P34~P39)、中南美洲地图、巴西地图、委内瑞拉地图、圭亚那地图、加勒比海地图),自行商讨完成相应任务,并做好记录。图4为某队在阅读资料,图5为某队绘制的鲁滨孙第四次航海线路图。

图5 某队绘制的鲁滨孙第四次航海线路图

STEM-PBL 之科学探究

（3）发布第二个任务——确定荒岛坐标。

向各队发放阅读资料《鲁滨孙漂流记》（人民文学出版社，P199～P200、P210）、小安的列斯群岛地图、特立尼达和多巴哥地图、经纬度文献资料。各船队完成相应任务。图6为某队在阅读资料、推理荒岛坐标，图7为某队推理的荒岛坐标。

图6　阅读资料、推理荒岛坐标

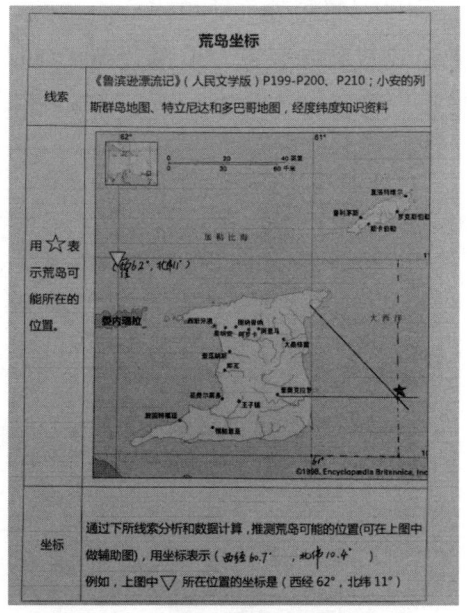

图7　某队推理的荒岛坐标

（4）汇报成果。

各队充分说明自己的发现、推理、计算过程，教师点评后发放相应的物质。

3. 荒岛是什么样的

（1）发布第三个任务——荒岛环境报告。

教师以"先知"身份发布剧情：各船队成功登上"荒岛"，而所有船只都遭遇风暴沉没了。教师向各队发放阅读资料{《鲁滨孙漂流记》[人民文学出版社] P48～P50（初次勘测）、P90～P94（详细调查）、P101～P104（全面

图 8　探讨环境报告内容

勘查）、P99～P100（鲁滨孙统计规律、特立尼达和多巴哥气候资料）}，各船队完成科考任务，填报荒岛环境报告。图 8 为某队在探讨环境报告内容，图 9 为某队完成的环境报告。

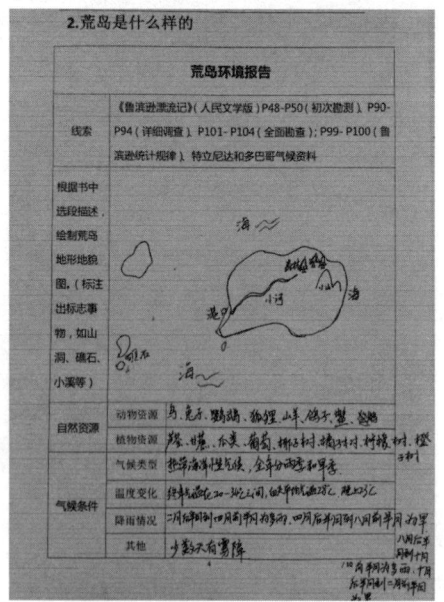

图 9　某队完成的环境报告

(2) 评价鼓励。

教师根据各队报告的完成情况——内容是否完整、表述是否清晰、思维是否缜密、推测是否合理、感受是否真实等进行评价，并发放食物。

4. **怎么活下去**

(1) 发布第四个任务——制定求生策略。

播放《荒岛求生》片段（主人公察克刚上岛的表现），发放《鲁滨孙漂流记》（人民文学出版社，P42~P44、P54~P55）。各队分析影片主人公察克及书中鲁滨孙的反应，思考在荒岛上生存的必需条件，根据荒岛的环境情况设计制定求生策略，如表3。

表3　求生策略

线索	《鲁滨孙漂流记》（人民文学出版社）P42~P44、P54~P55，电影《荒岛余生》
1	
2	

老师对各队的求生策略进行评价和分析，如果能认识到火源、淡水、食物是在荒岛生存最基本的需求，则认为该队的求生策略制定成功。

(2) 发布第五个任务——钻木取火。

①制订方案。

各队领取关于钻木取火的阅读资料，了解钻木取火的原理及基本操作后，制订一个钻木取火的操作方案。

②钻木取火。

各队利用准备好的钻木取火材料，自行拼装，通过团队协助

图10　尝试钻木取火

的方式,将火点燃(如图10),并完成过程记录,填好表4。

表4 钻木取火

钻木取火	
线索	野外生活方式阅读材料
材料工具	生活方式(图文)
遇到的问题	解决办法

③取火评估鼓励。

使用灭火器将火苗熄灭,教师根据各船队的生火情况给予食物奖励。

(3)发布第六个任务——净化淡水(可酌情开展)。

①研讨净化水的方法。

各队商讨在野外环境中净化淡水的方式,如图11为煮水蒸馏法,图12为光照蒸馏法。

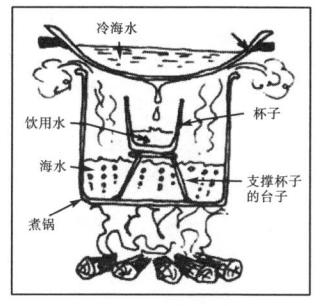
图11 煮水蒸馏法

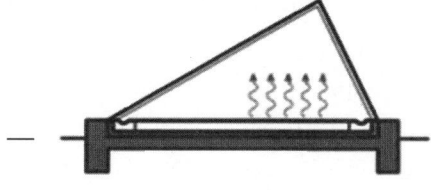
图12 光照蒸馏法

②设计净化水的方案。

教师利用"先知"身份,以剧情的方式为每组提供"海水"(自制浓盐水)、铁碗、塑料口袋和塑料瓶及钻木取火套件。各队设计净化淡水的方案,收集能加以利用的自然物质,并填好表格5。图13为某队收集冷凝露水。

③净化水评价及鼓励。

各队完成净化淡水任务,并填写净化水的报告。教师根据各队淡水净化情况给予食物奖励。

图13 收集冷凝露水

表5 净化淡水

净化淡水	
线索	野外取水方式阅读材料
材料工具	净化方式(图文)

续表

遇到的问题	解决办法

5. 逃离荒岛

(1) 设定救援系统。

完成前面的求生技能挑战后,教师以"先知"身份告知各队迎来了生存转机,在岛屿的另一端暂时停泊了一艘轮船。各队需要想办法尽快发送求救信号;发送完信号后,尽快定向穿越荒岛,逃离荒岛。

(2) 发布第七个任务——发送求救信号。

①求救方式的设计。

情景:轮船的鸣笛声从岛屿另一端传来,由于中间的山坡、密林挡住了视野,队员无法直接看到轮船。各队观赏电影《荒岛余生》(察克求救片段),阅读《鲁滨孙漂流记》(人民文学出版社,P127~P131),借鉴已有经验,设计求救信号发射方案。

②制作求救信号发送装置。

各队制作求救信号发送装置,如风筝式求救装置、浓烟求救装置、扩音求救装置等。图14为某队在制作"求救风筝"。

图 14　制作"求救风筝"

③求救装置评价及鼓励。

根据各队制作并演示的求救信号发送装置的效果给予对应的食物奖励。

（3）发布第八个任务——穿越荒岛。

①布置任务。

教师以"先知"身份认定，各队发射"求救信号"成功，因此各队需立即穿越荒岛，准确找到轮船的位置。

②穿越荒岛。

各队利用发放的资料学习定向越野知识，自行准备穿越的基本装备（如背包、水、拐棍等），"先知"向每队发放一个指南针。

教师提前规划户外路线，设置终点标志旗。各队定向越野，穿越荒岛，如图 15。

图 15　定向越野，穿越"荒岛"

6. 总结反思

播放影片《荒岛余生》(丢失排球"威尔逊"片段),思考现在重返文明、重返物质社会有什么感受,以及本次"流落荒岛"的体验。

(四) 交流评估

1. 成果发布

各队完成《"流落荒岛"求生体验报告》,根据所思、所想、所获,制作宣传海报和演讲课件,向家长、朋友、陌生人展示。另外,教授大家钻木取火、净水等技能。

2. 评价

利用表 4 评价量表进行自评和他评。

表 4 评价量表

评价项目	评价内容	分值(分)	得分(分)
知识储备 (20分)	了解《鲁滨孙漂流记》故事梗概	4	
	熟悉"三角贸易"航线具体路径	4	
	了解荒岛所在的小安的列斯群岛的气候属于热带海洋气候	4	
	能熟练掌握经纬度及比例尺等知识	4	
	能熟练运用三角函数、绘制辅助线等	4	
聚焦方案 (30分)	撰写荒岛环境报告	6	
	撰写荒岛求生方案	6	
	完成野外生火、净化淡水装置的设计方案	12	
	完成求救信号发射装置方案的设计	6	

续表

评价项目	评价内容	分值（分）	得分（分）
动手实践 （30分）	掌握钻木取火实践技能，并点燃火堆	8	
	完成净化淡水装置的搭建，并得到淡水	8	
	完成求救信号发射装置，并演示信号发射	7	
	完成定向越野挑战	7	
表达交流 （10分）	交流"荒岛求生"的体验	3	
	制作PPT（利用图片、视频等）分享、展示此次活动	4	
	交流整个过程的心得体会	3	
团队协作 （10分）	成员分工协作，积极参与设计、讨论、交流、制作等环节	6	
	总结自己在全部活动过程中的贡献，并分享汇报	4	
总分		100	

（五）拓展延伸

继续努力变"书本世界"为"将世界作为书本"，将更多阅读内容转换表达形式，改进器材，增加资料内容，增强项目设计的普适度。

六、教学反思

本项目是以阅读经典《鲁滨孙漂流记》为蓝本开发的STEM课程，并尝试将STEM课程与阅读研讨的课程相融合，让 STEM 教育内容更广泛，让阅读研讨更深入。

当然，本项目也存在一些不足之处：首先，教师介入学习过程的角色不够鲜明，尤其是教学言语、体态语言方面准备不够充分，导致内容推进的逻辑有纰漏；其次，游戏化的反馈模式将课程任务推动得太紧凑，没能充分展示同学们的思维过程、解决问题的过程、体验感受等，今后将继续改进，以便取得更好的效果。

光影艺术之裸眼 3D

一、项目背景

全息投影技术,也称虚拟成像技术,是利用干涉和衍射原理记录并再现物体真实三维图像的技术。全息投影技术不仅可以产生立体的空中幻象,还可以使幻象与表演者产生互动,一起完成表演,产生令人震撼的演出效果。全息投影展柜往往体积庞大,高清高亮的工程投影机价格不菲,因此整个项目的成本非常高。现在全息投影已经开始渐渐盛行起来,教师可引导学生了解新的科技信息,尝试利用身边的材料 DIY 全息投影。

二、项目目标

(1) 了解全息投影的相关知识,掌握制作全息投影的技术与方法。

(2) 体验 3D 全息投影设计、制作、测试、改进、作品美化的全过程,体验数学思维在全过程中的运用,学会数据统计的方法。

(3) 经历将数学、物理的知识融合在一起,将全息投影的设计意图具体化、方案物化的过程,深度理解相关知识,掌握相关技能。

(4) 在探究中体会学习的乐趣,发展学生的动手实践能力和自我决策能力,激发学生进一步探索与学习的热情。

三、项目适用年级

初、高中生。

四、项目课时规划及教学内容(见表1)

表1 项目课时规划及教学内容

课时	教学内容
第1课时	了解全息投影的相关知识
第2~3课时	全息投影工程设计、制作、测试、改进的全过程
第4课时	作品的展示、交流、评估以及后续研究

五、项目实施

(一)团队建设

自由组队,四人为一组。小组成员的具体分工见表2。

表2 小组成员的具体分工

成员	成员一(组长)	成员二	成员三	成员四
具体分工	整体规划 + 方案设计	设备制作 + 设备测试	设备制作 + 设备测试	数据记录 + 报告撰写

(二)知识储备

1. 自主学习

要制作3D全息投影装置,需要了解全息技术知识与制作技能,全息技术的优点与不足。在设计制作方案时,还需要比较不

同的方案，根据自身能力选择合适的方案。因此，老师要引导小组成员分工查阅大量相关资料，并用知识地图（如图1）的形式记录，便于梳理、记忆、比较和批判性选择。图2为全息投影的拍摄原理，图3为全息投影的成像过程。

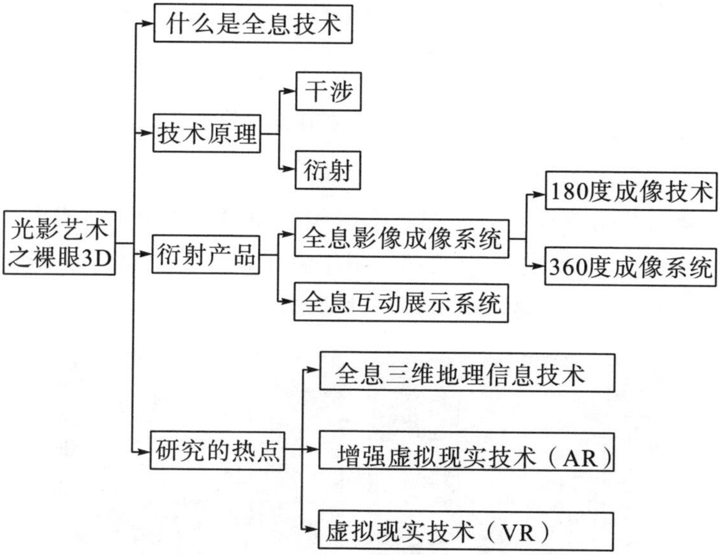

图1 知识地图

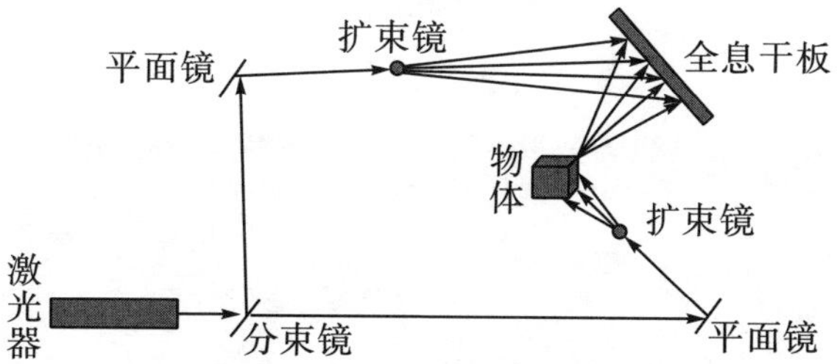

图2 全息投影的拍摄原理

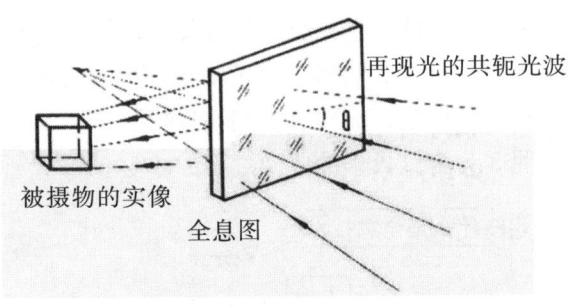

图3 全息投影的成像过程

2. 展示学习成果

老师引导学生学习全息投影的相关知识,展示学习成果,提出发现的问题,如图4、图5。根据科学性、可行性定义所在小组的需求(制作什么类型的全息投影装置)。

图4 分享学习成果

图5 分享学习成果

（三）实施过程

1. 设计方案

要制作全息投影屏幕，首先要了解全息技术的原理，知道制作过程需要什么材料和工具。学生在查询资料的过程会涉及各式各样的制作材料及工具，因此老师可组织学生讨论"如何才能取得最好的成像效果？"学生通过小组讨论聚焦最佳方案模型并确定模型的各种参数，如图6。

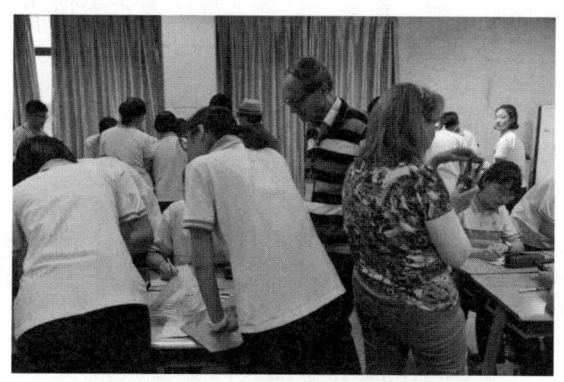

图6　小组合作设计方案

2. 器材准备

老师引导学生根据方案准备好所需要的材料：手机或平板电脑（能放视频的设备）、直尺、小刀（或剪刀）、圆规（或量角器）、透明胶带、透明塑料板。要求学生熟悉每一种工具和材料的使用方法。

3. 动手制作

（1）在白纸上画上一个等腰三角形（因为要保证每个侧面与桌面的夹角都是45度，由高中几何知识可知顶角约为70.5度），如图7。

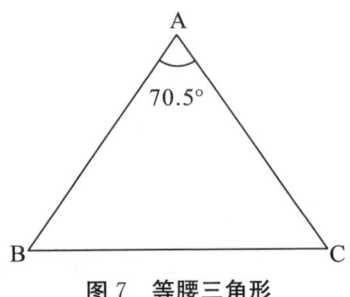

图 7　等腰三角形

（2）比照着等腰三角形，将准备好的亚克力板裁剪成 4 块，如图 8。

图 8　裁剪亚克力板

（3）把 4 块亚克力梯形板用胶带粘合成如图 9 的样子。

图 9　粘合模型

4. 效果测试

（1）打开平板电脑或手机，调出全息图片或者全息视频，将其亮度调至最亮，放在制作好的模型上，观察在模型中间是否出现了影像或视频，如图10。

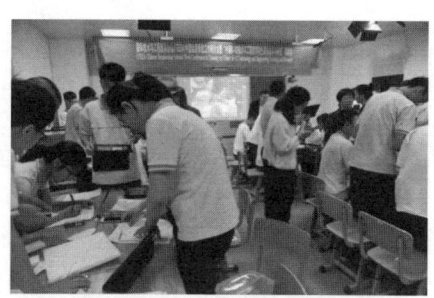

图10 效果测试

（2）用平板电脑拍下小组测试效果时的照片，如图11，展示并分析成败原因，提出优化改进的思路。

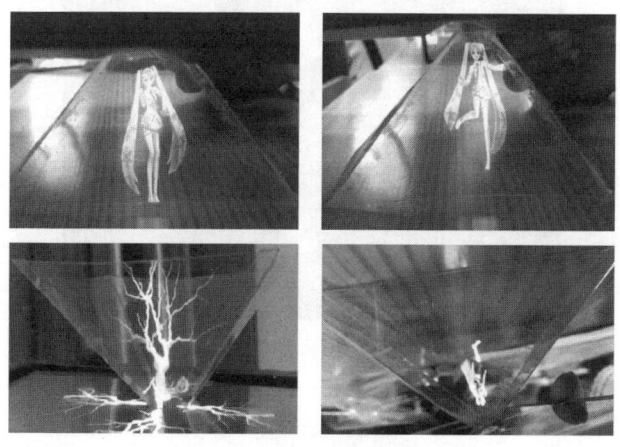

图11 作品展示

得到的全息投影图像不清晰是多数学生测试时发现的问题，老师要及时组织学生讨论图像不清晰的原因，引导学生优化方案，继续探究。

5. 迭代优化

怎样使模型成像更清晰？

老师引导学生从更换材料、改变模型的结构、调试全息图片或视频的亮度等几个方面思考改进方案，如图12、图13。

图12　探究改进的方法

图13　作品优化

（四）交流评估

1. 成果交流

小组向同学、老师展示探究3D全息投影的过程，演示制作的模型效果，批判性分析这次活动的收获与不足，如图14。

图 14　展示交流

2. 评价量表

根据表 3 评价量表进行自评和互评。

表 3　评价量表

评价项目	评价内容	分值（分）	得分（分）
知识储备（20分）	了解全息投影的相关知识	7	
	熟悉一种制作全息投影的技术与方法	7	
	画出全息技术相关知识的思维导图	6	
聚焦方案（30分）	查阅并提出至少一种3D全息投影制作的方法	6	
	讨论并选择一种最优方案，并说明原因	8	
	写出方案实施的具体方法或者画出流程图	8	
	列出在制作过程中的创新点	8	

续表

评价项目	评价内容	分值（分）	得分（分）
动手实践（30分）	按照方案进行3D全息投影工程制作	8	
	测试、改进作品	8	
	分析影响成像效果的原因，对比不同作品、不同屏幕大小、不同投影源对成像效果的影响	6	
	制作过程中规范、安全的使用各种工具，制作完成后整理好工具材料	4	
	展示制作出3D全息投影作品，列出优点和不足	4	
物化成果（10分）	制作PPT，利用图片、视频分享探究过程，遇到的困难与解决问题的方法	3	
	制作过程中规范、安全的使用各种工具，制作完成后整理好工具材料	4	
	收集、整理数据得出使成像效果最佳的方案	3	
团队协作（10分）	成员分工协作，积极参与设计、讨论、交流、制作	6	
	回顾自己在全部活动过程中的贡献，并分享汇报	4	
总分		100	

（五）拓展延伸

（1）深入了解全息技术的应用现状，培养对全息投影制作方案改进的意识，积极讨论全息技术的改进方法。

（2）聚焦新问题，进行新的探索，如图15。

图 15　聚焦新问题

六、教学反思

本次活动中，学生通过查阅资料，自主学习 3D 全息投影的相关知识，自主体验 3D 全息投影的制作。学生经历创意物化、迭代优化、裸眼 3D 投影的过程，获得感更强，增加了继续探究的兴趣，增加了研究性学习的信心。

本课例所需要的器材简单，制作成功率高。但 STEM 课程不是一般的手工课，需要老师引导学生了解相关的知识，不断发现问题、分析问题、解决问题，从而提升学生的创新能力。

STEM-PBL 之生态环境

STEM-PBL 之生态环境

空气中悬浮颗粒物的测定与分析

一、项目背景

在"双流区垃圾处理现状与展望"研究性学习课题调查中，同学们走访了九江垃圾焚烧发电厂周围居住的居民，居民担心垃圾焚烧会污染空气，影响身体健康。针对这个问题，同学们决定通过测定并分析垃圾焚烧发电厂周围空气中悬浮颗粒物的数量，探究空气质量是否受到了垃圾焚烧的影响。

二、项目目标

（1）学会测定与分析空气中悬浮颗粒物的相关知识，了解空气中悬浮颗粒物的来源、对人类健康的影响、空气中悬浮颗粒物收集与测定的基本方法。

（2）学会在现实生活中发现问题、提出问题、分析问题，并掌握设计实验方案、实施实验、分析实验结果、得出结论等科学研究方法；学会设计、制作实验装置及工具。

（3）通过对空气中悬浮颗粒物的测定与分析，树立环保理念，养成"爱护环境从我做起"的良好习惯。

（4）在活动过程中，锻炼运用多学科知识解决日常生活问题的能力，培养学生的 STEM 素养。

三、项目适用年级

初中七、八年级。

四、项目课时规划及教学内容（见表1）

表1 项目课时规划及教学内容

课时规划	教学内容
第1~3课时	确定项目主题，组建研究团队，查阅空气中悬浮颗粒物测定与分析的方法并进行实验
第4~7课时	分析第一次实验的优缺点，并对实验进行优化和改进，根据优化的实验方案进行实验
第8~10课时	整理实验数据，分析数据，得到结论

五、项目实施

（一）团队建设

按照自愿报名和教师推荐相结合的原则，在初中七年级和八年级的学生中选出有一定科学研究兴趣的同学，6~8人组成一个研究团队。

（二）知识储备

利用图书馆、网络和课本等，查找测定与分析空气中悬浮颗粒物的相关知识，做好知识储备，如图1。

(1) 空气中悬浮颗粒物是悬浮在大气中的固体、液体颗粒状物质（或称气溶胶）的总称。由于来源和形成方式不同，它们的形状、密度、粒径大小均不同，光、电、磁学等物理性质及化学组成也有很大差异。

(2) 目前，国内最常用的颗粒物检测仪是激光粉尘仪，造价较高。所以，根据现有资源和书本知识，可利用显微镜来观察、收集空气中的悬浮颗粒物。

（3）科学探究的基本步骤：发现并提出问题、收集相关资料、设计实验方案并优化、实施实验、分析实验数据、得出结论和沟通交流。

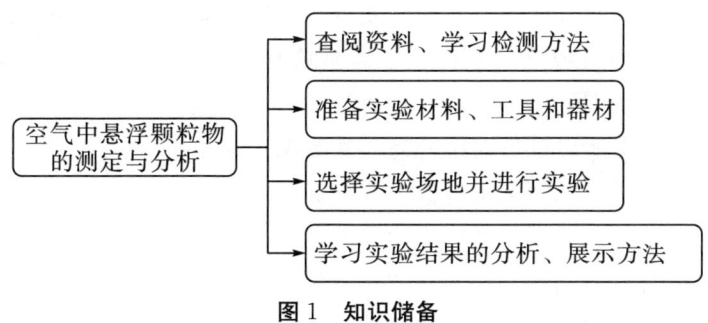

图1　知识储备

（三）实施过程

1. **提出研究问题**

垃圾焚烧是否会影响空气的质量。

2. **做出假设**

垃圾焚烧会导致空气质量变差。

3. **设计实验方案并实施实验**

参考《生物》北师大版七年级下册第十三章"健康地生活"第一节"健康及其条件"中"空气中悬浮颗粒物的测定与分析"的方法来测定空气质量。实践发现，完全按照教材中的方法做，实验现象不明显，效果也不显著。

4. **实验方案优化**

（1）对原方案的思考。

①收集悬浮颗粒物的工具的缺点。教材中悬浮颗粒物的采集主要是用透明胶有黏性的一面吸附空气中的悬浮颗粒物。教材实验描述：取10cm左右长的透明胶带，将有胶的一面向上，两端

内折固定在已经做好标记的培养皿中，使其呈"∩"状。实验时发现：透明胶带在吸附悬浮颗粒物时容易产生空泡、褶皱，透明胶带的外层容易黏污垢，很难清除。透明胶带的这些缺点会影响观察效果。

②观察悬浮颗粒物的工具的缺点。教材中提到用放大镜当作工具进行观察并比较。实验时发现：普通实验室放大镜的倍数较小，一些小的悬浮颗粒物看不清楚或根本看不到，影响实验结果；放大镜需要用手拿着，在观察的时候拿放大镜的手很难做到稳定不动，所以计数时很容易导致数据记录不准确。

③教材对如何准确计数未详细提及。

（2）对该活动方案的优化。

针对上述问题，在开展"垃圾焚烧对空气质量影响的测定与分析"时，对采集悬浮颗粒物的工具、观察悬浮颗粒物的工具以及如何准确计数进行了优化。

①优化采集空气中悬浮颗粒物的工具。

经过多次试验，同学们认为用载玻片采集悬浮颗粒物的效果更好，制作步骤如下。

步骤1：准备好载玻片、5支油性彩笔（5支颜色均不同）、纸条1（上面印有边长为10mm的小正方形）、干净

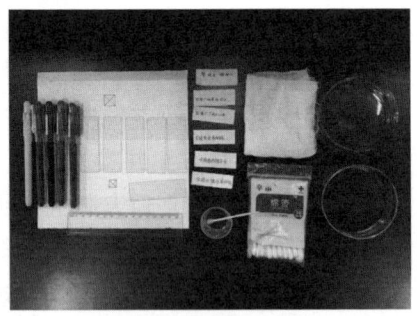

图2　材料和用具

纸条2（上面印有边长为15mm的大正方形）、香油、洁净的纱布、洁净的棉签、培养皿和标签等材料和用具，如图2。

步骤2：用洁净的纱布将载玻片擦拭干净后，放在纸条1的小正方形上面，尽量将小正方形压在载玻片中央，以正方形的4个顶点及对角线交点作为标记点，用5支不同颜色的油性彩笔标

出，标记点的直径要小于 1mm，如图 3。此步骤的目的是以这 5 个点作为参照物，观察 5 个点周围的悬浮颗粒物。

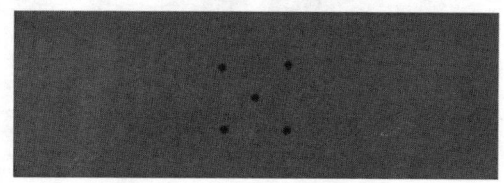

图 3　做了标记点的载玻片

步骤 3：等标记点的油迹干了后，再将载玻片放在纸条 2 上（注意：将载玻片翻一面，洁净的一面向上），尽量将标记点放在大正方形的正中央，用洁净的棉签蘸取香油，在大正方形范围内均匀涂抹，然后放在培养皿中备用。在 5 个标记点背面的周围涂抹香油，目的是吸附空气中的悬浮颗粒物，便于观察计数。

②优化观察悬浮颗粒物的工具。

使用光学显微镜观察，避免了教材中的用放大镜观察带来的问题。用显微镜观察时，建议使用放大 100 倍的倍数，这样既避免了对悬浮颗粒物计数的重复，又能比较清晰地记录颗粒物的数目。

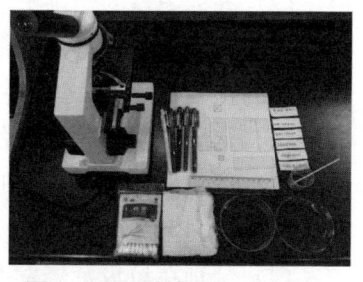

图 4　用显微镜观察、计数

③优化计数方法。

为了能准确地对比不同环境下悬浮颗粒物的数量，以标记出的 5 个点为参照物。观察时分别将标记的每个点移动到视野中央，再通过调细准焦螺旋，数出每个视野中的悬浮颗粒物的数量。5 个抽样点就是 5 个视野，计算 5 个视野中的平均悬浮颗粒物数量。将载玻片在不同环境中的计数进行对比，从而对比空气质量的好坏。图 5 为在放大 100 倍的显微镜下观察到的视野。

基于STEM的PBL教学案例

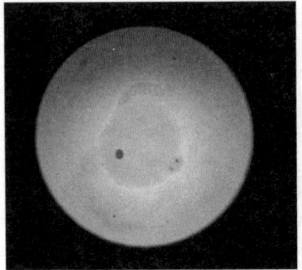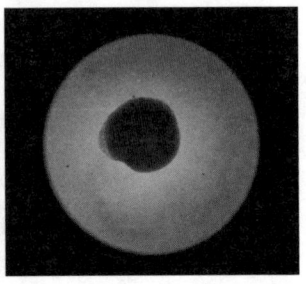

图 5　显微镜下观察到的视野（放大 100 倍）

5. 优化方案后的活动步骤

（1）用洁净的纱布将载玻片擦拭干净后，放在纸条 1 的小正方形上面，尽量将小正方形压在载玻片中央，以正方形的 4 个顶点及对角线交点作为标记点，用 5 支不同颜色的油性彩笔标出，标记点的直径要小于 1mm。

（2）等标记点的油迹干了后，再将载玻片放在纸条 2 上（注意：将载玻片翻一面，洁净的一面向上），尽量将标记点放在大正方形的正中央，用洁净的棉签蘸取香油，在大正方形范围内均匀涂抹，然后放在培养皿中备用。

（3）将载玻片放在培养皿中不同的测量点，要保证培养皿不会被挪动或损坏。

（4）分别在垃圾焚烧发电厂周围确定三个采样点，同时在校园环境中确定三个采样点并用标签做好标记，设置 2 个重复组，采样时间为 2 小时。

（5）按时将上述各测定点的培养皿盖上盖并取回。

（6）将取回的载玻片放在光学显微镜下，按照前面所提的计数方法进行分析比对，得到实验结果。

6. 实验并记录

（1）在垃圾焚烧发电厂附近收集样本。

在垃圾焚烧发电厂的焚烧点烟囱下、下风口 100 米处（如图

6)，以及距垃圾焚烧发电厂 500 米处的农田空地处（如图 7）分别采集悬浮颗粒物样本，采集时间为 2 小时。

图 6　在焚烧点烟囱下（右）及下风口 100 米（左）处采集样本

图 7　在农田空地处采集样本

（2）在校园收集样本。

在校园选择食堂边、旗台下、图书馆顶楼三处收集空气中的悬浮颗粒，如图 8。

图 8　在校园采集样本

（3）数据分析。

把收集到的样本统一带回实验室进行观察（如图 9），整理实验结果并计算出各个抽样点的平均值，记录在表 2 中，对比在校园的实验数据与在垃圾焚烧发电厂的实验数据。为了将数据更直观地展现出来，可以让学生尝试绘制柱状图（如图 10）。

图 9 观察收集到的样本并记录

表 2 不同测量点的平均数汇总

地点	垃圾焚烧发电厂周围					校园里					
	焚烧点烟囱下		下风口100米处		距垃圾厂500米处的农田		旗台下		食堂边		图书馆顶楼
悬浮颗粒物平均数	10.20	8.60	13.40	13.20	8.20	7.80	2.40	3.20	3.20	2.80	2.80	1.60
总平均数	10.68						2.67					

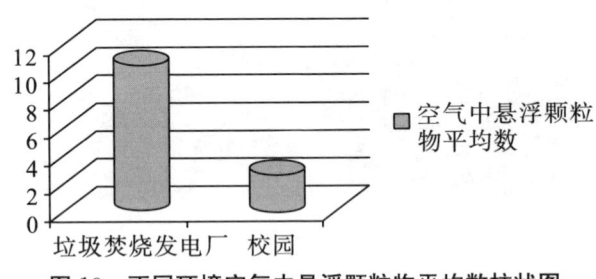

图 10 不同环境空气中悬浮颗粒物平均数柱状图

7. 得出结论

分析实验数据后可知，无论是每个测量点的平均数，还是两个地点最后的总平均数，垃圾焚烧发电厂周围空气中的悬浮颗粒物数量都高于校园环境空气中的悬浮颗粒物数量。因此，可以得出结论：垃圾焚烧会使空气中的悬浮颗粒物增加，从而影响空气质量。

(四) 交流评估

1. **交流展示**

各小组将实验结果向同学、老师、家长展示，并积极撰写论文参加各类创新比赛。

2. **评价**

利用表 3 评价量表进行自评和他评。

表 3　项目评价表

评价项目	评价内容	分值（分）	得分（分）
知识储备 （20 分）	了解并清楚表述空气中悬浮颗粒物的来源	6	
	了解空气中悬浮颗粒物对人类的影响	6	
	掌握空气中悬浮颗粒物的收集和检测方法	8	
聚焦方案 （30 分）	明确项目目的：空气中悬浮颗粒物的收集、测定与分析	6	
	能提出不同空气中悬浮颗粒物的收集、测定与分析方法	6	
	结合现有设备和条件，分析不同方案的优缺点	8	
	整合所有资源，确定最佳方案以及实施步骤	10	

评价项目	评价内容	分值（分）	得分（分）
动手实践 （30 分）	列出实验材料清单	6	
	分步骤实施实验，实验过程中，操作规范，详细记录实验数据	7	
	对记录的实验数据进行分析和总结	7	
	得出实验结论，形成比较准确的研究报告	10	
表达交流 （10 分）	运用多种形式进行作品展示	5	
	通过展示、评价、修改等环节，进一步测定与分析方法，并进行反思、总结	5	
团队协作 （10 分）	组内成员分工协作，充分参与设计、讨论、实验、交流等环节	6	
	作为小组代表，汇报交流小组成果	4	
总分		100	

（五）拓展延伸

评价空气质量的指标很多，除了悬浮颗粒物数量外，还有许多气体的含量也可以作为判断空气质量的依据，比如有害物质二噁英的含量。在以后的活动中，我们会继续深入探究，设计实验来测定空气中有毒、有害气体的含量，丰富活动内容。

六、教学反思

在这次的研究性学习中，学生针对空气中的悬浮颗粒物数量展开了探究。最初想借助教材上的方法来检测，但效果不理想。最终，学生改进、优化了创新实验，将垃圾焚烧发电厂周围空气中的悬浮颗粒物数量和校园空气中的悬浮颗粒物数量进行了量的对比，得出了实验结论。本活动完全契合 STEM 教育的理念——用科学的方法去解决真实的问题，在实验过程中培养了学生发现问题、分析问题和解决问题的能力。

森林火险气象站

一、项目背景

四川凉山州曾发生多次森林火灾，造成的各项损失都很惨重。森林火灾是世界性难题，火灾的发生和蔓延与气象条件关系密切。除雷电可以直接引起森林火灾外，高温、干燥也是易于成灾的重要气象条件。制定火险的气象指标，研究火灾的天气预报方法是这个领域的工作重点。森林火灾危害大、扑灭困难，于是在火灾还处于萌芽状态时立即扑灭就显得尤为重要。但由于森林火灾常常发生在深山老林中，不易被发现，故而早发现对于早扑灭火灾具有重要意义。

二、项目目标

（1）了解森林火灾的诱发原因、监测防治火情的方法以及凉山州的地理环境、气候条件等相关知识；了解 Laser CAD、Maker-case、IOROBOT 软件的使用；尝试应用激光切割机、红外传感器、烟雾传感器、火焰传感器和温湿度传感器。

（2）体验"工程设计—计划实施—迭代优化—成果发布—拓展延伸"全过程，提升工程思维能力，从而增强"发现问题—分析问题—解决问题"的综合能力。

（3）能够在沙盘设计中融入艺术，使沙盘模型布局更加合理、美观;通过设计火情监测点,在科学研究中融入生命教育和安全教育。

(4)学会综合应用科学、技术、工程、数学、艺术、气象、地理等多学科知识来解决真实情景中的复杂问题,提升综合技能。另外,将思维发散产生的多种解决方案在对比分析后进行聚焦,最终确定可行性方案,促进发散性思维和批判性思维的提升。

三、项目适用年级

小学五年级至高中。

四、项目课时规划及教学内容(见表1)

表1 项目课时规划及教学内容

课时	教学内容
第1~3课时	项目背景介绍及资料搜集
第4~5课时	制作凉山州地形地貌沙盘
第6~8课时	制作沙盘、气象智能交互作品——森林火险气象站
第9课时	测试修改,优化迭代
第10课时	发布作品

五、项目实施

(一)团队建设

四人为一组,选出组长,并明确小组成员分工,做到人人有责、人人负责。具体分工如表2。

表2 小组成员分工

组员	主要任务
组员一（组长）	整体规划＋沙盘制作
组员二	沙盘制作＋程序设计
组员三	资料搜集＋文稿撰写
组员四	沙盘制作＋材料准备

（二）知识储备

了解火灾发生的原因、产生的危害、已有的防火预警措施及逃生措施等相关知识，做好知识储备，如图2。目前主要的森林防火措施：兴建瞭望塔、建立视频监控系统、建立智能预警系统。

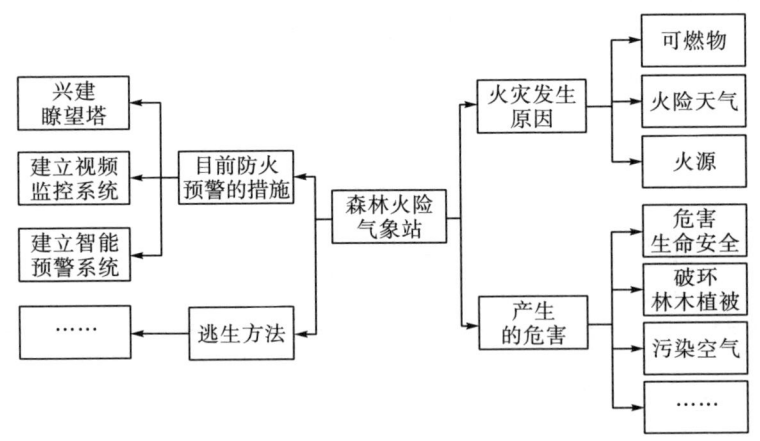

图2 知识储备图

1. 兴建瞭望塔

通过瞭望塔来观测森林火灾的发生，确定火灾发生的地点，报告火情。它的优点是覆盖面较大、效果较好。存在的不足是无生活条件的偏远林区不能设瞭望塔；观察效果受地形地势的限

制，覆盖面小，有死角和空白，无法观察烟雾浓重的较大面积的火场、余火及地下火；雷电天气无法上塔观察；依靠瞭望员的经验来判断，准确率低，误差大；瞭望员的人身安全会受到雷电、野生动物等的威胁。

2. 视频监控系统

这是目前国内主流的监控方式。它是传统城市监控的延伸，由人工完成集中监视；同时，前端摄像机具有火情自动分析功能，能根据烟雾和火苗等情况自动发出报警。在整个监控环节中，视频传输最重要，林区所有监控点的信号都必须传回到主监控中心以完成监测。在林区通信网络差，有些甚至没有网络线路，铺设通信线路也几乎不可能，就必须采用无线视频传输的办法把信号传送至主监控中心。

3. 智能预警系统

这是集数据采集、视频处理、热源探测、卫星定位、远程控制、专家系统等功能于一体的智能防火监控和指挥管理系统，以视频监控为基础，防火报警为核心功能，同时扩展地理信息系统、指挥决策、气象信息采集、生态建设及管理等附加功能，可以实时、全面、准确地监控林火，避免了原始人工瞭望观察火情的局限，实现了林区管理的数字化、科学化，大大降低了林业部门的费用支出和管理成本，提高了林区企业的效应。

前两种措施容易受地形地势、肉眼疲劳等因素的影响而造成漏报，智能化程度不高，第三种措施是未来的发展趋势，但造价高。

（三）实施过程

1. 寻找森林防火报警的可行方案

（1）凉山州多次发生森林火险的原因是什么？

（2）凉山州的地理环境如何？如何在沙盘中呈现？凉山州具有怎样的气候特征？

(3) 目前森林火险监控预警的方式有哪些？这些方式具有怎样的优缺点？

在思考以上问题后，根据图 3 寻找可行方案。

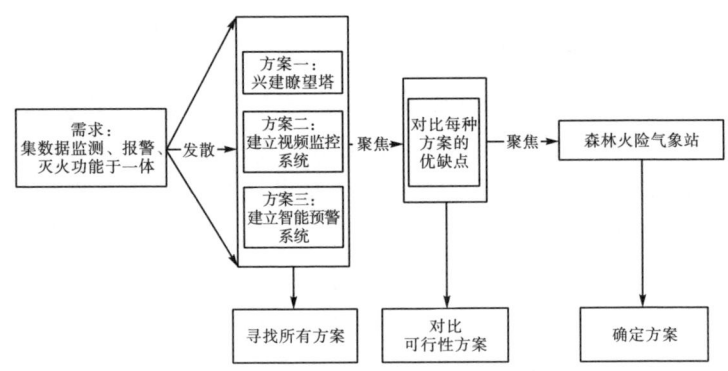

图 3　寻找可行方案

2. 将方案可视化

森林火险气象站主要由沙盘和智能气象交互系统两个部分组成，它的制作需要综合应用科学、地理等多个学科知识。因此，在制作前需要梳理并明确整个作品的创作思路，将整个项目分解成若干个子项目，然后一个一个地解决，如图 4。

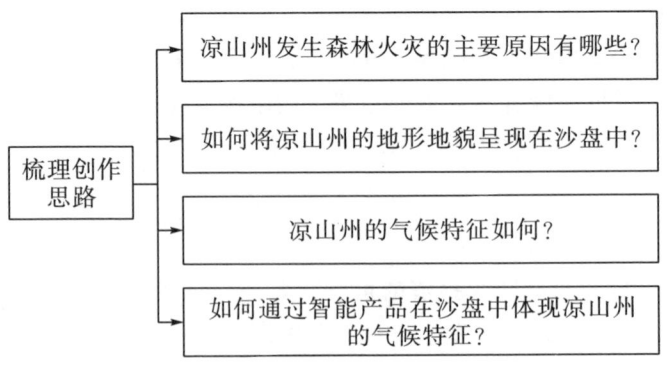

图 4　创作思路的梳理

3. 制作作品

(1) 材料清单及制作成本（见表3）。

在项目实施过程中，建议尽量使用废旧的可回收物，以降低制作成本。

表3 材料清单及制作成本

序号	物料	单价（元）	数量（个）	金额（元）	备注
1	沙盘模型底座	18.00	1	18.00	
2	废旧白乳胶	0.00	若干	0.00	废物利用
3	石膏布	13.00	2	26.00	
4	废旧报纸	0.00	若干	0.00	废物利用
5	浅绿草粉	2.20	1	2.20	
6	黄绿草粉	2.20	1	2.20	
7	模型树	0.30	20	6.00	
8	模型树	0.45	10	4.50	
9	废纸板	0.00	若干	0.00	废物利用
10	沙子	0.00	若干	0.00	其他人提供
11	水泥	0.00	若干	0.00	其他人提供
12	砖红色颜料	0.00	少许	0.00	美术老师提供
13	红棕色颜料	0.00	少许	0.00	美术老师提供
14	IOROBOX 开源主控板	148.00	1	148.00	
15	USB线	0.00	1	0.00	手机充电线
16	液晶显示（LCD）	16.00	1	16.00	
17	有源蜂鸣器模块	5.00	1	5.00	
18	温湿度传感器	20	1	20.00	
19	LED灯	2.00	1	2.00	

续表

序号	物料	单价（元）	数量（个）	金额（元）	备注
20	舵机	0.00	2	0.00	从损坏玩具上拆卸得到
21	5V 太阳能板	6.5	1	6.5	
22	LED 灯带	0.99	1	0.99	
23	火焰传感器	5.00	1	5.00	
24	烟雾传感器	12.00	1	12.00	
25	红外传感器	10.00	2	20.00	
26	语音模块	35.00	1	35.00	
27	水泵+水管	16.00	1	16.00	
28	线材	0.00	若干	12.00	
29	热熔胶棒	1.00	5	5.00	
	总计			362.39	

(2) 沙盘制作。

①绘制沙盘草图。

采用手绘或电脑绘制的方式绘制森林火险气象站沙盘草图，如图 5 和图 6。

图 5 沙盘平面模型图

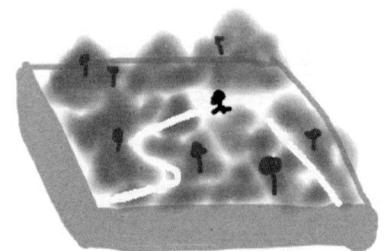

图 6 沙盘立体模型图

STEM-PBL 之生态环境

②制作底板。

利用 MakerCase 软件设计制作沙盘模型底座,选择无盖、指接榫结合方式(如图 7 和图 8);设置好沙盘地板的长、宽、高尺寸,尺寸可根据自己的需要进行调整,如图 9。设计好的沙盘模型如图 10。

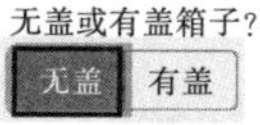

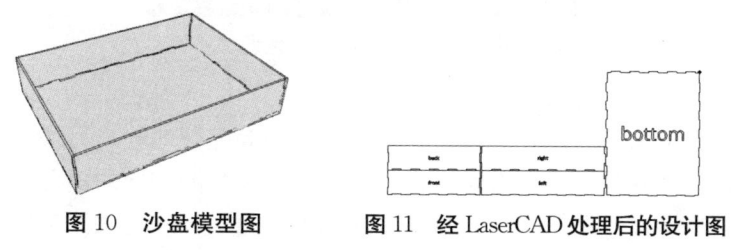

图 7 设置边缘缝合方式

图 8 设置模型为"无盖"

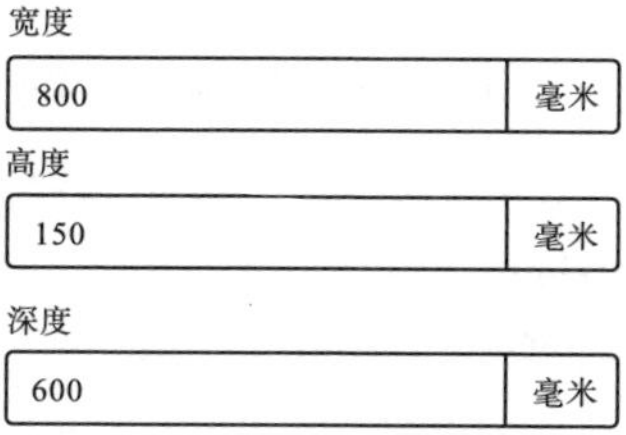

图 9 设置地板尺寸

将设计好的源文件用软件 LaserCAD 软件处理(如图 11),再用激光切割机切割制作模型。

图 10 沙盘模型图

图 11 经 LaserCAD 处理后的设计图

③制作沙盘基底。

结合凉山州的实际地形,规划沙盘中山体及山脉布局;将废弃报纸揉捏成不同的山体形状,涂上白乳胶定型,然后用石膏布塑造山体或山脉(如图 12),等风干后撒上草粉,作为沙盘中的大面积森林。用简单的材料制作迷你树木模型,点缀于森林中。

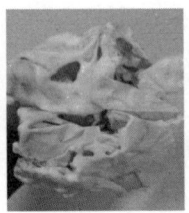

图 12　制作山脉

④确定主色调（如图 13）。

森林的主要色调为绿色。通过塑造不同形状、大小、高矮的山体模型，体现出高低起伏的地形，从而体现出凉山州地貌的复杂多样，高山、深谷、平原、盆地、丘陵相互交错。

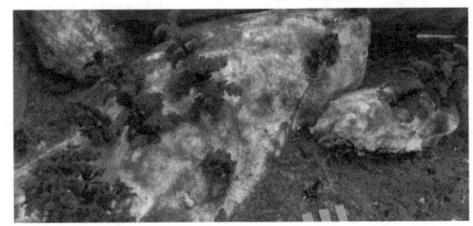

图 13　确定沙盘的主色调

⑤沙盘中的其他规划（如图 14）。

凉山州除了森林外，还有平原、盆地等多种地貌，另外，为了紧扣"森林防火气象站"这个主题，体现智能疏导的理念，作品中特意设计了车辆通行道路和应急人行通道，利用水泥和沙子铺设，然后涂上不同颜色的颜料作为区分。

图 14　沙盘中的其他规划

⑥体现气候特性。

使用不同颜色的草粉表征不同海拔的植物分布,山顶的白雪和山下的绿草体现出凉山州低热高凉的气候特点,表征气候的垂直、水平差异。以废旧报纸制作高山模型,以不同厚度的沙石堆积加上不同颜料表征平原、盆地和丘陵。

(3) 制作气象交互系统。

本方案设计的是一个浓缩的森林模型,内部增加了气象传感器测量气象要素,以实现智慧交通、智能应急疏导、气象物联。本次采用的开源硬件是 IOROBOX,也可采用其他开源硬件,思路和方法一致。

①普通车道智能交通系统。

本方案设计了普通车道智能交通系统(如图 15),利用红外传感器进行检测,当有车辆靠近栏杆时,车杆自动打开,3 秒后自动关闭。沙盘中设置了车辆进、出两个检测点,模拟真实情况。车道控制脚本如图 16。

图 15　普通车道智能交通系统

车道控制

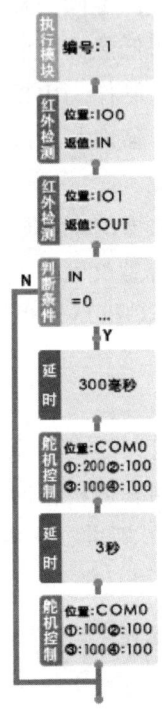

图 16　车道控制脚本

②温湿度传感器。

利用温湿度传感器（如图 17）检测沙盘环境的温度和湿度，并显示在 LCD 显示屏上（如图 18）。由于森林内部温度通常比外界温度低 5℃左右，因此，当林内温度超过 38℃时，会语音播报"天气炎热，请注意森林防火"；凉山州发生森林火灾的重要原因之一就是气候干燥，所以当环境湿度小于 30％时，也会语音播报"气候干燥，请注意森林防火"。图 19 是温度传感器脚本，图 20 是湿度传感器脚本。

图17 温湿度传感器　　　　图18 LCD显示屏

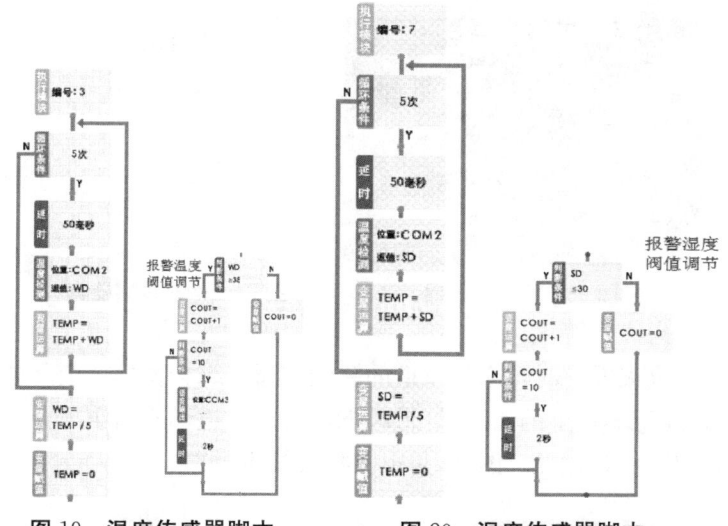

图19 温度传感器脚本　　　图20 湿度传感器脚本

③火焰传感器。

当火焰传感器（如图21）检测到火焰时，会触发报警装置，应急车道上的LED灯带会闪烁，应急车道和普通车道会同时打开智能应急疏导。图22是火焰传感器脚本。

④烟雾传感器。

当烟雾传感器（如图23）检测到烟雾时，会触发报警装置，应急车道上的LED灯带会闪烁，应急车道和普通车道会同时打开智能应急疏导。图24是烟雾传感器脚本。

基于STEM的PBL教学案例

 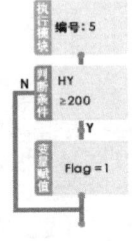

图 21　火焰传感器　　　图 22　火焰传感器脚本

图 23　烟雾传感器　　　图 24　烟雾传感器脚本

⑤火灾报警。

当火灾发生时，应急车道的智能交通系统会发挥作用（如图25），应急车道上的 LED 灯带闪烁，应急车道和普通车道会同时打开智能应急疏导。图 26 是火灾报警脚本。

 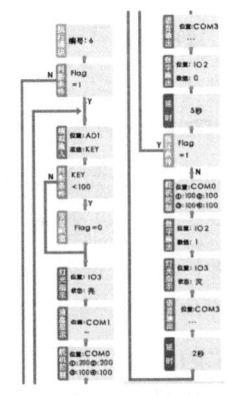

图 25　应急车道的智能交通　图 26　火灾报警脚本
　　　　系统及灯光效果

⑥蜂鸣器、LED灯及小音响、灯光,如图27。

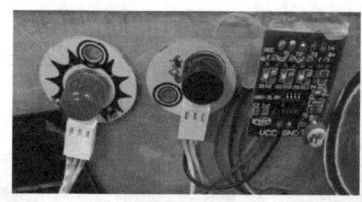

图27　LED报警灯、蜂鸣器和灯光控制器(从左至右)

(4)添加宣传语和Logo。

为增强人们的森林防火意识,可以在沙盘的醒目位置张贴宣传语和森林防火的Logo,如图28。

图28　添加宣传语和Logo

4. 迭代优化

(1)沙盘结构的调整。

由于凉山州以安宁河谷为中轴,由中南向西北和东北,山地逐渐升高,有众多高大的山体,所以对最初设计的沙盘模型中的道路位置、山脉分布等进行了调整,以更加贴合凉山州的真实地形地貌。

(2)调整传感器的报警值。

为了更加精确地监测森林火险,及时播报森林火情,需要对气象站各传感器的参数和灵敏度进行调整。据测定,在高温的夏季,林地内的温度较非林地要低3~5℃,当温度传感器检测到的温度为38℃及以上时,则容易发生大火;另外,相对湿度大于75%时发生火灾的可能性较小,55%~75%时可能发生森林火灾,小于55%时就可能发生大火灾,而在10%~30%时,极易发生特大火灾。因此,对温湿度传感器的报警值做了适当的调整。

(3)增加自动灭火功能。

最初设计的森林火险气象站有数据监测、智能语音播报的功能，但是当火灾真正发生时又如何灭火呢？所以，我们在沙盘模型中又增加了水泵（如图29）和水管（如图30），呈现模拟灭火的场景。

图 29　水泵

图 30　水管

（四）交流评估

1. 成果展示

团队成员齐上阵，各司其职，完成作品的展示和交流，并介绍自己的设计理念和制作过程，如有参考原型或资料也需要一并展示。展示的表现形式可选用但不限于气象播报、相声、小品、舞台剧、脱口秀等，也可提前制作配合表现形式的实物道具和PPT等。

图 31　作品成果图

2. 评价

利用表4评价量表进行自评和他评。

STEM-PBL 之生态环境

表 4 评价量表

评价项目	评价内容	分值（分）	得分（分）
知识储备（20分）	能表述产生森林火灾的主要原因	6	
	了解目前森林防火的主要措施及防火原理、优缺点	6	
	掌握温湿度传感器、火焰传感器等智能硬件的使用	8	
聚焦方案（30分）	明确项目目的：环境检测、及时预警和智能灭火（保障人身安全）	10	
	对兴建瞭望塔等多种方法进行比对，论证森林防火措施的优劣	10	
	结合凉山州的实际地形地貌，针对性地设计森林火险气象站	10	
动手实践（30分）	列出材料清单，明确制作成本	4	
	通过网络搜索、资料查询、实地访问等方式了解凉山州的地形地貌，并绘制森林火险气象站模型图	6	
	分步骤制作森林火险气象站沙盘模型	8	
	制作森林火险气象站的智能交互系统：自动车闸、温湿度检测、火焰检测、烟雾检测等	8	
	实践过程中保持模型及操作台的整洁有序，实验完成时将各种器材整理归位	4	

续表

评价项目	评价内容	分值（分）	得分（分）
表达交流 （10分）	运用气象播报、相声、小品、舞台剧、脱口秀等多种形式进行作品展示	5	
	通过展示、评价、修改等环节进一步优化森林火险气象站	5	
团队协作 （10分）	组内成员分工协作，充分参与设计、讨论、制作和交流等环节	6	
	作为小组代表，汇报交流小组成果	4	
总分		100	

（五）拓展延伸

本课例要求利用温湿度传感器、火焰传感器、红外传感器、烟雾传感器等智能元件制作智能浇花器、灭火器、警报器等，主题和表现形式不限，学生可充分发挥自己的想象力，结合生活中的实际需求，个性化定制智能产品。

六、教学反思

本项目综合难度较大，是科学、物理及科创相关知识的综合应用，需要查阅资料了解森林火险发生的主要原因以及目前已有的森林防火预警措施，并结合实际需求确定森林火险气象站的具体组成。这个项目很好地培养了学生从生活中发现问题并分析问题，然后借助多方资源为项目实施服务的能力，提升了学生的人际交往和语言表达能力。另外，项目实施整个环节有小组选题—方案设计—材料选择—实施应用—优化拓展等，考验了团队的协作能力。最后，完成沙盘制作后，还需要从森林的实际需求出发，结合个人能力设计智能交互系统，培养了学生的创新思维能

力和数字化学习能力。

该项目的教学采用了六步教学法：情景—目标—实施—协作—成果—复盘。学生在问题环节需要综合考虑多种方案，并分析每种方案的可行性；在中期的实施环节需要针对具体方案进行迭代优化、拓展延伸；在项目完成后还需要对整个项目进行复盘，重新考量设计方案、材料选择、实施等环节，这是学生批判思维和创新思维拔节的过程。

在项目实施过程中也遇到了一些问题，主要有以下两方面。

（一）前期资料搜集

学校距离凉山州较远，学生无法实地考察、了解凉山州的地形地貌以及多次发生森林火灾的原因，只能通过网络检索的方式收集资料。最初收集的有用资料较少，很难支撑整个项目，后来通过家长的帮忙才和当地的居民联系上，进一步了解了凉山州的情况和当地多发火灾的原因。

（二）制作材料的选择

制作的森林火险沙盘模型需要远距离运输参赛，必须要考虑材料的稳固性、便于携带性等，因此将原本使用的石膏换成了废报纸和石膏布，没想到制作出来的模型却更加自然、形象，这也为我们后面的参赛积累了经验。

接下来我们还会对森林火险气象站进行改良，主要包括调整沙盘结构、丰富环境监测装置、增设多个点位的监测和添加灭火系统等。

基于STEM的PBL教学案例

水动力河道漂浮物清理装置的设计

一、项目背景

水乡古镇，古朴而新奇，吸引了万千游客，但随着客流量的增加和游客环保意识的薄弱，镇上河水中的漂浮垃圾越来越多，如图1。查阅资料发现，漂浮垃圾已成为破坏水域环境和水源质量的主要污染物之一。传统打捞漂浮物的方式有人工打捞和机械化打捞等，人工打捞效率低（如图2），机械化打捞的购置和使用成本较高。

快速、简便地清理河道水面的漂浮物是我们目前需要考虑的问题。因此，引导学生设计制作一种简便、节能、效率高的河道漂浮物清理装置，既能提升学生的创新能力，又能提高学生的环境保护意识。

图1　河道漂浮物

图2　人工打捞

二、项目目标

（1）了解河道漂浮物产生的原因，目前打捞河道漂浮物的途径与方法，优点与不足。

（2）根据工程设计的特点，让学生经历水动力河道漂浮物清理装置的设计、模型制作、测试优化的过程，学习运用工程设计的思维解决生活中的问题，培养学生的创新思维。

（3）引导学生综合运用数学、物理、工程、技术多学科知识，采用项目式学习法解决实际问题，培养学生的STEM素养。

（4）引导学生关注环境，关注人类与环境的协调关系，养成爱护环境的习惯。

三、项目适用年级

高中一、二年级。

四、项目课时规划及教学内容（见表1）

表1　项目课时规划及教学内容

课时	教学内容
第1~2课时	调研家乡河道被漂浮物污染的问题，撰写调研报告，提出需要解决的基于实际的问题
第3~4课时	查阅文献，定义需求；了解相关知识，提出解决方案
第5~10课时	绘制设计图，列出材料清单，计算制作成本，制作模型
第11~12课时	技术测试，优化模型
第13~14课时	制作成品，交流评估

基于STEM的PBL教学案例

五、项目实施

(一)团队建设

学生根据自己的特长和兴趣组队,每个小组最多不超过五人。每组选一个合适的同学担任组长,根据组员的不同特点做好分工,通过小组合作探究的方式进行研究。

(二)知识储备

通过文献检索、实地考察,了解河道漂浮物的主要组成(生活垃圾、工厂垃圾、汛期漂浮物等)。了解目前河道漂浮物的打捞方式(人工打捞,用大型船和清漂船打捞等),虽然投入大量的人力、物力、财力,但效果一般,河道环境仍受到严重威胁。

引导学生利用思维导图(如图3)将查阅的相关知识串联起来,便于归纳总结、找出问题。

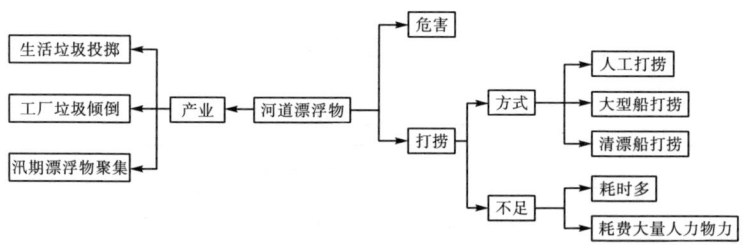

图3 调研河道漂浮物的思维导图

(三)实施过程

1. 分组设计,并选出理想方案

各小组讨论如何清理河道水面漂浮物的问题,如何设计一种简便、节能、效率高的河道漂浮物清理装置。组员应用已有知识与经验,互相启发与激励,设计多种方案,并根据图4的流程图,确定合适方案。

集体分析、评价各小组的设计方案,经历"发散—聚焦—再聚

STEM-PBL 之生态环境

焦……"过程,在众多可能方案中聚焦出理想方案,如图 5。

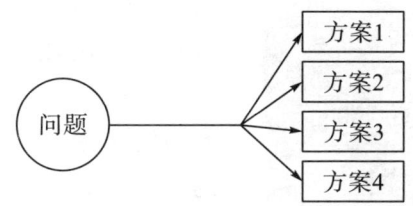

图 4　各小组确定合适方案的流程图

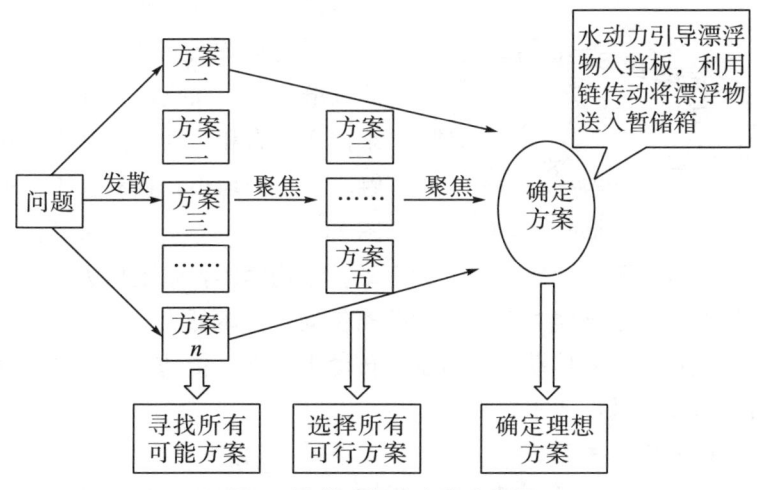

图 5　聚焦理想方案的流程图

2. 方案工作原理和设计思路（举例）

（1）工作原理。

①杠杆原理。

杠杆原理即二力平衡时,它们离支点的距离与所施力大小成反比。杠杆原理亦被称为"杠杆平衡条件"。要使杠杆平衡,作用在杠杆上的两个力的大小要跟它们的力臂成反比。

②水车工作原理。

水车（如图 6）利用了物理中的杠杆原理,使用了一个很大的

图6 水车

转轮，这样就可以用流速很小的河水来驱动，带动转轮上的装水竹筒一起旋转，从而完成提水、倒水的过程。由于转轮巨大，因此即使安装在河水流速比较缓慢的地方也可以完成提水工作。

③链传动原理及优缺点。

链传动由主、从轮和链条组成。链传动原理即两轮（至少）间以链条为中间挠性元件的啮合来传递动力和运动。其磨损、接触应力冲击均小，且易加工，如图7。

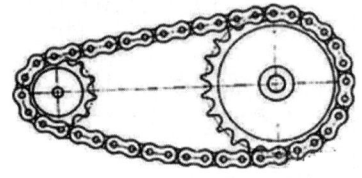

图7 链传动原理

优点：平均速比准确，无滑动，结构紧凑，轴上压力小，传动效率高，承载能力高，可远距离传动，成本低。

缺点：瞬时传动比不恒定，传动不平衡，传动时有噪音、冲击，对安装精度要求较高。

（2）设计思路。

①将漂浮物导引浮漂的一端固定在河道岸边，另一端固定在传送带入口处。上游漂浮物在流动的河水、漂浮物导引浮漂的共同作用下被限制导入挡板。

②大转轮上安装的叶片在流动河水的冲击下带动大转轮运转起来，从而驱动链条（安装了换向链轮和单向链轮）带动倾斜放置的带挡板的传送带向上运动，将打捞的漂浮物传送至漂浮物暂储箱。

装置结构示意图如图8，安装示意图如图9。

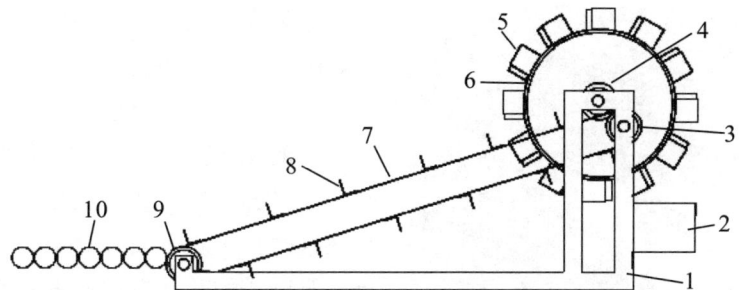

注：1. 支架；2. 漂浮物暂储箱；3. 滚筒；4. 传动结构；5. 叶片；6. 大转轮；7. 传送带；8. 挡板；9. 滚筒；10. 漂浮物导引浮漂。

图 8　装置结构示意图

注：1. 漂浮物暂储箱；2. 带挡板的传送带；3. 带叶片的大转轮；4. 河岸；5. 漂浮物导引浮漂；6. 传动装置

图 9　安装示意图

3. **材料和用具**

自行车后轮车圈、链轮、带单向棘轮的链轮、链条、螺丝、下水道封口堵头、隐形纱窗网、浮漂、角钢、滚筒、布条。

4. **模型制作**

（1）制作和安装大转轮。

将改装好的 13 个下水道封口堵头固定在自行车后轮车圈外

图 11 安装飞轮及链条

围,作为大转轮,安装在废旧角钢焊的支架上(如图 10)。

(2)安装飞轮及链条。

在距大转轮上的飞轮约 20cm 处安装一个单向飞轮,并且在这两个飞轮上安装链条。由于此时链条的转动方向不能使传送带顺时针运行,所以在链条上方安装一个改变传送带转动方向的转向飞轮,使该飞轮的一侧与链条啮合。将飞轮的另一侧固定在支架上,然后将另两个单向飞轮也固定在支架上(如图 11)。

(3)制作传送带和漂浮物暂储箱以及漂浮物导引浮漂。

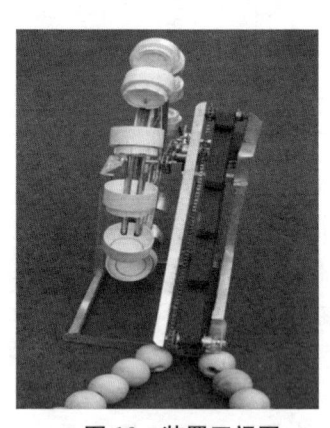

图 12 装置正视图

把布条缝合作为传送带,将隐形纱窗网制成漂浮物暂储箱,用绳子将渔网浮子连接成两条漂浮物导引浮漂。

(4)整体组装。

将上述各部件组装成"水动力河道垃圾清理装置"(如图 12)。

5. 优化迭代

(1)测试。

将模型放入河流中进行测试,发现了以下问题:

①布条制作的传送带容易变形,输送漂流垃圾效果差;

②不能随时监控垃圾储存情况。

(2)优化方案。

①将制作传送带的布条换成不锈钢,不锈钢传送带不生锈、

不易变形，便于传送拦截到的漂流物，经久耐用。

②在清理装置上安装报警装置，该报警装置由检测元件、报警元件、控制系统组成。检测元件可检测漂浮物暂储箱中漂浮物的储存量，报警元件在控制系统的控制下产生报警信息，通知环卫工人运走垃圾，达到优化性能的目的。

（3）优化后的装置示意图。

优化后的装置示意图如图 13，安装示意图如图 14。

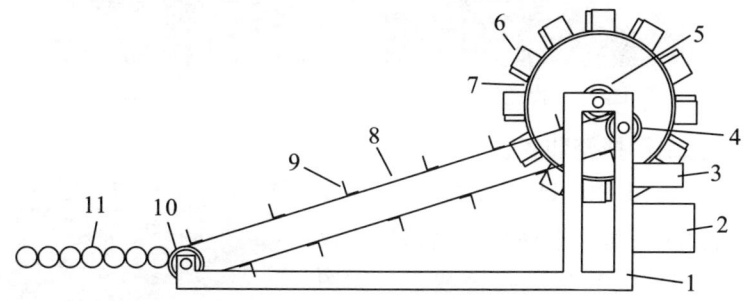

注：1. 支架；2. 漂浮物暂储箱；3. 报警装置；4. 滚筒；5. 传动结构；6. 叶片；7. 大转轮；8. 传送带；9. 挡板；10. 滚筒；11. 漂浮物导引浮漂。

图 13 优化后的装置结构示意图

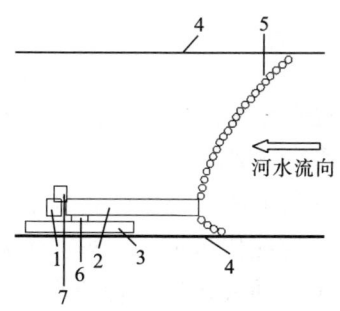

注：1. 漂浮物暂储箱；2. 带挡板的传送带；3. 带叶片的大转轮；4. 河岸；5. 漂浮物导引浮漂；6. 传动装置；7. 报警装置。

图 14 优化后的装置安装示意图

（4）按优化方案制作装置。

①制作传送装置（如图15）。

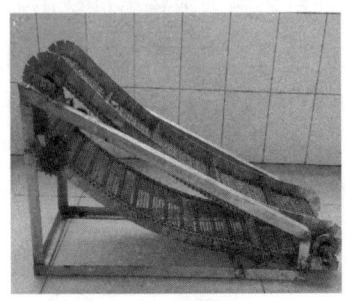

图15　传送装置

图16　报警装置

②制作报警装置。

由 Arduino Uno 控制板、GSM 短信模块、超声波模块、电路板、仪器盒、9V 电池制成报警装置，如图 16，并编写报警系统程序。将做好的报警装置安装在电路板上，将电路板固定在透明仪器盒内。

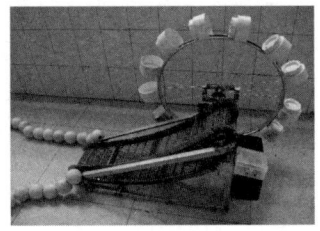

图17　成品图

③整体组装（如图17）。

（5）测试。

①测试方法。

将制作好的装置先在室内模拟测试，如图18。成功后再放入黄龙溪古镇的河道中测试，如图19。

在黄龙溪古镇的河道中，将漂浮物导引浮漂的一端固定在河道岸边，另一端固定在传送带入口处。大转轮上安装的叶片在流动河水的冲击下带动大转轮运转起来，从而驱动链条（安装了换向链轮和单向链轮）带动倾斜放置的带挡板的传送带向上运动。

 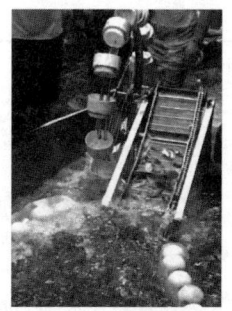

图 18　模拟测试图　　　　图 19　实地测试图

②测试结果。

将优化后的装置放在河水中测试后发现,上游漂浮物在流动的河水、漂浮物导引浮漂的共同作用下被限制导入传送带,并被运送至漂浮物暂储箱。当暂储箱中的漂浮物达到一定体积时,触发报警系统,将"运走垃圾"的报警短信发送到指定的手机号。这说明装置达到了预期目的。

（四）交流评估

1. **成果发布**

分组展示作品,介绍设计思路和制作过程并答疑。

2. **评价**

利用表 2 评价量表进行自评,并请专家、老师、同学等进行他评。

表 2　评价量表

评价项目	评价内容	分值（分）	得分（分）
知识储备 （20 分）	了解河道漂流物的来源	5	
	了解已有的河道漂浮物的打捞方法及原理,优点与缺点	5	
	掌握杠杆、链传动的工作原理,熟悉与本项目有关的硬件搭建、软件编程知识	10	

续表

评价项目	评价内容	分值（分）	得分（分）
聚焦方案 （30分）	评价目前打捞河道漂浮物的方法，列出问题	5	
	找到解决问题的多种方案，聚焦最佳方案，说明原因	5	
	定义本项目的需求：制作利用水动力自动收集河道漂流物的装置，计算制作成本	5	
	写出方案的具体实施步骤，画出方案实施流程图，有详细的安全措施	10	
	列出方案的创新点	5	
动手实践 （30分）	列出所需的材料、用具及来源	4	
	实际动手制作打捞河道漂流物装置模型，操作安全规范	10	
	验证、调试、修改作品原型，找出存在的问题，进行优化	8	
	制作优化后的河道漂流物打捞装置，并实地检测成功	4	
	记录好工程笔记（发现问题、解决问题等的过程）	4	
表达交流 （10分）	科学分析测试现象与数据，得出结论，撰写富有条理的研究报告	5	
	通过展示、评价、修改等环节进一步优化模型	5	

续表

评价项目	评价内容	分值(分)	得分(分)
团队协作 (10分)	组内成员分工协作,充分参与设计、讨论、制作、交流等环节	6	
	回顾整个探究过程,总结自己的贡献、心得,并汇报分享	4	
总分		100	

(五)拓展延伸

本案例还可进行如下优化:用齿轮代替链条,因为齿轮半径更小,可以增大变速比,使运转更平稳,适应性更广;增加打包压缩装置,将漂浮物暂储箱中的垃圾压缩打包处理;增加辅助电机,在河流水很小不足以推动转轮,或是漂浮物过多、过大的时候,给本装置以辅助动力。

六、教学反思

(1)本案例从真实问题出发,根据 STEM 理念,综合运用科学、技术、工程、数学知识,解决生活中的实际问题,具有跨学科、整合性、应用性等特点。

(2)本案例让学生经历提出问题、分析问题、解决问题、扩展研究等过程,促使学生的创新思维由低级向高级发展。

(3)本案例在解决问题的过程中,引导学生感悟创造发明的一般方法,使学生大胆发散、合理收敛,在不断地评估中改进设计。

(4)本案例引导学生关注环境和可持续发展,将工程技术与环境、社会联系起来,控制环境污染,促进人类与环境的协调发展。

本案例的制作成本见表 3。

表3 制作成本

材料	价格（元）
自行车后轮车圈	60
带单向棘轮的链轮	20
链轮	200
传送带	600
螺丝	10
下水道封口堵头	60
隐形纱窗网	7
浮漂	20
角钢	150
滚筒	200
Arduino Uno 控制板	140
GSM 短信模块	45
超声波模块	10
电路板	3
仪器盒	8
电池（9V）	3
总计	1536

PM2.5 监测机器人设计

一、项目背景

2017年冬天，一连多天的早上，成都地区都雾霾严重，双流机场的航班严重受影响，学校停止了室外活动，小朋友的感冒、咳嗽现象突然多了起来。雾霾严重影响了我们的生活。

治理雾霾必须行动起来，但首先我们必须得知道雾霾的具体指标数据。雾霾的主要元凶是PM2.5颗粒，怎样监测PM2.5值呢？带着这个问题，我们开始了今天的研究。

二、项目目标

（1）知道什么是雾霾，了解雾霾产生的原因，了解雾霾对人类的危害；了解PM2.5传感器的工作原理，掌握PM2.5传感器的正确使用方法；认识LED数码管，掌握LED数码管的使用方法。

（2）经历制作PM2.5监测机器人的全过程，培养不断发现问题、解决问题、不断完善的工程师精神，在实践活动中不断提高科学素养。

（3）测试不同环境中的PM2.5值，感受环境的变化，学会健康生活。对比、分析不同数据产生的原因，体会数学与生活的联系，学会思考、学会学习。

(4) 了解人类的活动可以改变环境，环境也会影响人类的活动。在不断解决问题的过程中，发展实践能力和创新意识。

三、项目适用年段

小学五、六年级。

四、项目课时规划及教学内容（见表1）

表1 项目课时规划及教学内容

课时	教学内容
第1课时	认识雾霾
第2~3课时	制作PM2.5监测机器人
第4~6课时	测测身边的PM2.5值

五、项目实施

（一）团队建设

四人一组，选出组长，并明确分工，如表2。

表2 小组成员分工

组员	主要任务
组员一（组长）	整体规划+方案设计
组员二	设备制作+设备测试
组员三	设备制作+设备测试
组员四	数据记录+报告撰写

（二）知识储备

掌握Scratch2.0编程方法，学会mBot机器人小车的使用方法，了解一些简单的传感器，做好知识储备，如图1。

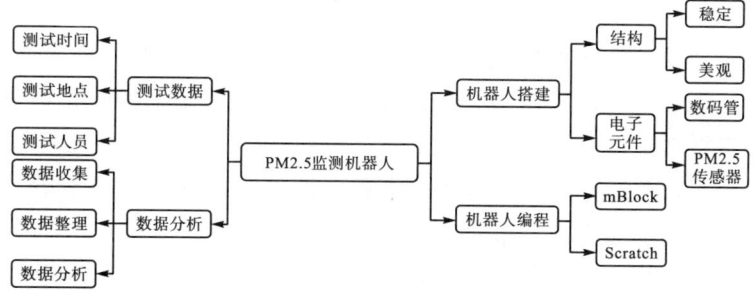

图 1 PM2.5 知识储备

（三）实施过程

1. 确定研究主题，认识雾霾

（1）什么是雾霾？

雾霾，是雾和霾的组合词，由二氧化硫、氮氧化物和可吸入颗粒物组成，雾霾常见于城市，如图 2。高密度人口的经济及社会活动必然会排放大量细颗粒物（PM2.5 颗粒），一旦排放超过大气循环能力和承载度，细颗粒物浓度将持续积聚。如果此时为静稳天气，则极易出现大范围的雾霾。

图 2 雾霾中的城市

（2）为什么雾霾产生时，我们看到的天空是灰蒙蒙的？

日常中，我们所能见的光大多是白光。白光是由所有波长的可见光组合构成。天气晴朗时，波长较短的蓝、紫、靛等色光，很容易被悬浮在空气中的微粒阻挡，从而使光线散射向四方，使天空呈现蓝色。而当污染严重时，尤其是雾霾天气，太阳光线穿过大气层时发生了散射，各种波长的光跨不过空气中的颗粒物，都会被散射，因而天空呈灰白色。

(3) 雾霾是怎么形成的？

建筑垃圾和粉尘飘入空中生成的颗粒性扬尘微粒，煤炭燃烧产生的硫化气体等污染物，汽车尾气排放的污染物颗粒，等等，都悬浮在空气中，当空气中的微小颗粒物不断聚集，遇上空气不流动时，就逐渐形成了雾霾。雾霾中最主要的是PM2.5颗粒。

(4) 雾霾有哪些危害？

雾霾中含有大量的有害颗粒物。雾霾天气时，人体会吸入有害物质，不仅会对肺部造成很大的影响，还容易致癌。将雾霾中的颗粒物吸入呼吸道，容易引发支气管炎气、急性鼻炎、哮喘等呼吸道疾病。

雾霾的主要元凶是PM2.5颗粒，怎样实时监测PM2.5值呢？

(5) 空气质量分级标准

我国于2016年1月1日实施的《环境空气质量标准》中，新增了对PM2.5的监测要求并规定了浓度限值。表3列出了PM2.5日均浓度对应的指数等级。

表3 PM2.5日均浓度对应的指数等级

空气质量	PM2.5值数	日均浓度值（$\mu g/m^3$）	空气质量等级	健康建议
优	0~50	0~35	一级	各类人群可以正常活动
良	50~100	35~75	二级	对极少数异常敏感人群不健康
轻度污染	100~150	75~115	三级	对敏感人群不健康
中度污染	150~200	115~150	四级	不健康
重度污染	200~300	150~250	五级	非常不健康
严重污染	300~500	250~500	六级	有毒害

2. 制作PM2.5监测机器人

(1) 机器人系统。

机器人系统由三部分构成：感知系统、控制系统、执行系统（如图 3）。

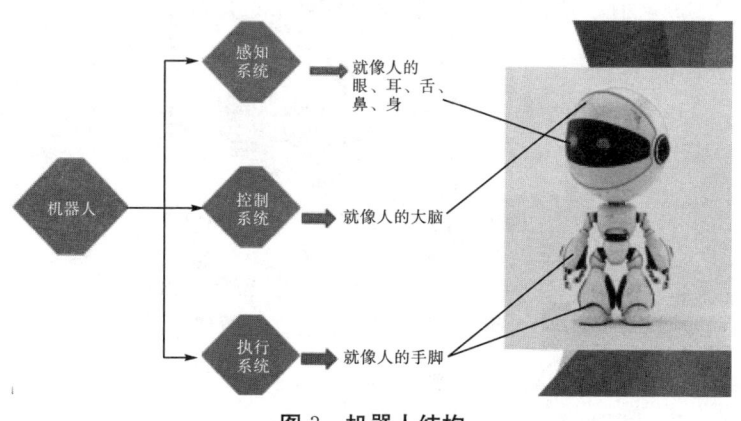

图 3 机器人结构

感知系统——PM2.5 传感器，测量 PM2.5 值为多少。

控制系统——机器人主控板，控制机器人启动和完成任务。

执行系统——包括数码管、LED 灯、蜂鸣器，负责显示颗粒物有多少，数值超标时 LED 灯闪烁，蜂鸣器响起，提醒人们减少外出。

（2）PM2.5 传感器工作原理。

PM2.5 传感器是根据光的散射原理来工作的，即颗粒物在光的照射下会产生光的散射现象，还会吸收部分照射光的能量。当一束平行单色光入射到被测颗粒场时，光强会衰减，光强的相对衰减率基本上能反映待测场灰尘的相对浓度，如图 4。

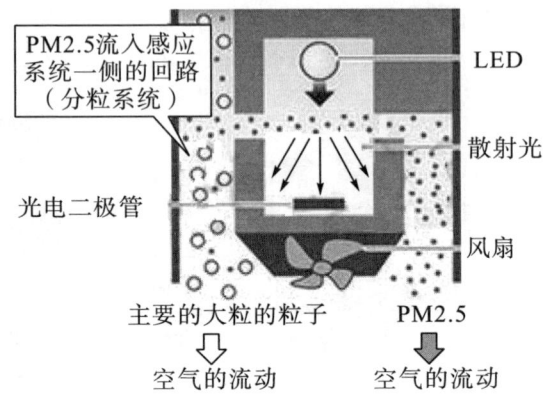

图 4　PM2.5 传感器工作原理

（3）组装 PM2.5 监测机器人。

①准备材料。

mBot 机器人小车 1 辆，PM2.5 传感器 1 个，数码管 1 个，RJ25 线 2 根，数据线 1 根。

②先将 PM2.5 传感器和数码管用螺丝固定在 mBot 机器人小车上，注意美观、实用。

③再将 RJ25 线的一端插在 PM2.5 传感器接口上，另一端插在 mBot 机器人小车接口 1 上。

④将另一根 RJ25 线的一端插在数码管接口上，另一端插在 mBot 机器人小车接口 2 上。

⑤完成组装。

组装好的监测机器人如图 5。

STEM-PBL 之生态环境

图 5 组装好的 PM2.5 监测机器人

（4）编写程序

①用数据线将 mBot 机器人小车和电脑连接起来，打开 mBot 机器人小车电源，在电脑上打开程序，程序界面如图 6。

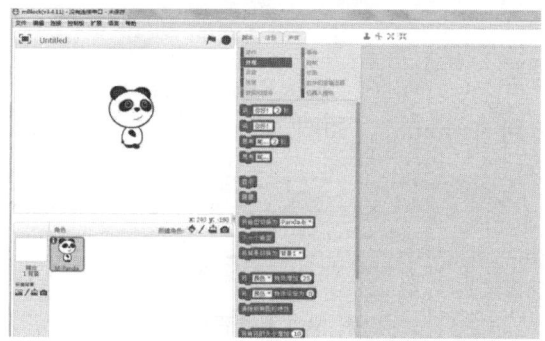

图 6 打开后的程序界面

②点击连接，勾选 COM10，连接端口，如图 7。

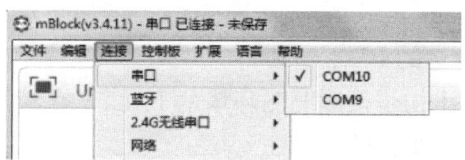

图 7 点击"连接"

③安装固件，完成 mBot 机器人小车和电脑的连接，如图 8。

297

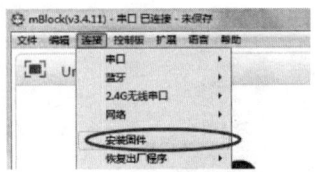

图 8　点击"安装固件"

④在脚本区，拖动下面积木块，编写程序，如图 9。

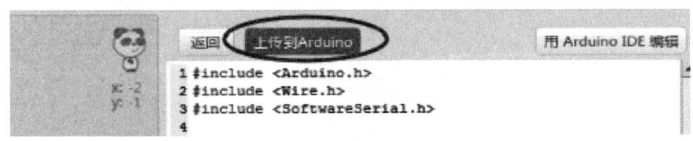

图 9　编写程序

⑤在"mBot 主程序"模块中，点击鼠标右键，弹出界面，选中"上传到 Arduino"，如图 10。

图 10　上传程序

3. 迭代优化

了解 WiFi 无线传输，给 PM2.5 监测机器人增加 WiFi 传输装置。

4. 测测身边的 PM2.5 值

先引导学生初步预测要测环境的 PM2.5 值，再借助 PM2.5 监测机器人进一步去验证。

（1）你想测试哪些地方的 PM2.5 值？为什么？

（2）分工对这些地方进行测试，并做好表 4 的记录。

表4　PM2.5值测试记录

组长		
记录员		
观察员		
地点	时间	PM2.5值

（3）整理数据，分析数据。

从测试数据能发现什么？如何解释这些现象？

同一地点，在不同时间得到的测试数据是不同的；同一时间，在不同地点得到测试数据也是不同的。分析造成PM2.5值变化的原因。

（4）对空气质量不佳的环境，你有什么建议？

引导学生认识环境保护的重要意义，并让其能简单列举出几个改善空气质量的措施，提高学生的公民意识和责任担当。

（四）交流评估

1. 成果发布

运用小品、舞台剧、脱口秀等多种形式向老师、同学介绍小组的产品，清晰地表达小组的探究过程和结果，虚心听取他人的意见。

2. 评价量表

利用表5评价量表，对自己或他人的表现做出评价。

表 5 评价量表

评价项目	评价内容	分值（分）	得分（分）
知识储备 （20 分）	知道什么是雾霾	4	
	能表述产生雾霾的原因	4	
	知道雾霾的危害	4	
	掌握 PM2.5 传感器、蜂鸣器等智能硬件的使用	8	
聚焦方案 （30 分）	明确项目目的：监测 PM2.5 值，能及时显示，并能提醒人们注意	10	
	分析机器人的不同结构，设计对应的器材	10	
	结合实际需要，有针对性地设计 PM2.5 监测机器人	10	
动手实践 （30 分）	列出材料清单	6	
	画出具体方案设计图，有步骤地实施	10	
	制作 PM2.5 监测机器人，解决实施过程中产生的问题	10	
	实践过程中保持模型及操作台整洁有序，完成时将各种器材整理归位	4	
表达交流 （10 分）	运用小品、舞台剧、脱口秀等多种形式进行作品展示	5	
	通过展示、评价、修改等环节进一步优化 PM2.5 监测机器人	5	
团队协作 （10 分）	组内成员分工协作，充分参与设计、讨论、制作、交流等环节	5	
	作为小组代表，汇报交流小组成果	5	
总分		100	

（五）拓展延伸

1. PM2.5 监测机器人能有漂亮的外壳吗？

借助 3D 打印技术，给机器人打印一个外壳。根据不同的场景，设计不同的安装方式和外壳。

2. PM2.5 监测机器人的功能可以再丰富一点吗？

借鉴创新方法中加一加的方法。给 PM2.5 监测机器人加上 LED 灯，当 PM2.5 的值超过警戒数值时，LED 灯闪烁报警；或者加上蜂鸣器，当 PM2.5 的值超过警戒数值时，蜂鸣器响起，提醒大家减少外出活动。

六、教学反思

整个案例综合运用了科学、技术、工程和数学知识，培养了学生发现问题、解决问题的意识和能力，使学生认识到人类的活动会影响环境，环境也会影响人类的生活，让学生感受到了科学探究的不确定性、过程的复杂性和创新性，培养了学生的自我批判思维和创造性思维。